もしもに備える！

おうち備蓄と防災の

アイデア帖

はじめに

　みなさんは突然の災害に備えて、
　何か準備をしていますか？
　地震だけでなく、豪雨や台風など、
　世界的に見ても日本は自然災害が多い国です。
　いつもの生活に防災という視点をプラスして、
　最低限必要なものを家族で準備できるよう、
　おうち備蓄リストをまとめてみました。
　そして、揃えたことに安心をして、
　気づいたら期限切れ！　といったことにならないよう、
　普段使いできるローリングストックレシピや使い切るコツ、
　もしもの時に役立つ防災クッキングとアイデアも
　たっぷりと盛り込んでいます。

　この一冊が、みなさんの備えの手助けと
　知恵になればうれしいです。

防災士・島本美由紀

JN028670

contents

Part 1 》 もしもに備える！
おうち備蓄リスト
～食品編～

Part 1-❶

おうち備蓄リスト
「飲料水」

Part 1-❷

おうち備蓄リスト
「主食」

この本の使い方

目次（P2〜5）を参照して、食品名等を調べて活用してください。
保存期間はあくまでも目安です。季節や住環境、気温などの条件によって
変わることがあります。

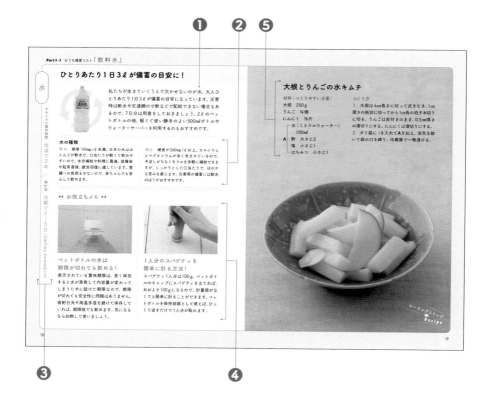

❶ 特徴
特徴や使い方を紹介しています。

❷ 種類
種類やその特徴を紹介しています。

❸ 保存期間＆保存方法
開封前のおおよその賞味期限、開封後の
保存場所＆期間を紹介しています。

❹ お役立ちメモ
おいしく使い切るためのワザやアイデア
を紹介しています。

❺ ローリングストックRECIPE
普段使いできるおすすめレシピを紹介し
ています。

もしもの時に役立つ
「防災クッキング」と「防災アイデア」も
紹介しています。

❻材料とつくり方
材料とつくり方を紹介しています。

❼ポイント
調理のポイントを紹介しています。

❽防災アイデア
もしもの時に役立つ防災アイデアをイラストと文章で紹介しています。

レシピについて

・材料は2人分が基本ですが、1人分やつくりやすい分量で表示してあるものもあります。
・小さじ1＝5㎖、大さじ1＝15㎖です。
・電子レンジの加熱時間は600W。500Wの場合は1.2倍にしてください。オーブントースターの加熱時間は1000W。どちらも機種によって加熱時間に多少差があるので、様子を見て調整してください。

おうち備蓄のすすめ！

▒ なぜ、おうち備蓄が必要なの？

いつ起こるか分からない地震や豪雨、台風などの自然災害の他、病気やケガ、感染症の流行によって家から出られない状況になった非常時に備えて、おうち備蓄をはじめましょう。もしもの際に慌ててスーパーやコンビニに行っても、買い求める人が増えて欲しいものが手に入りません。災害時には物流がストップすることもあるので、自分でもしもの時に備える行動（自助）が必要になります。

目安＝家族の人数 × 7日分

※これまで目安として「3日分」の備蓄がすすめられていましたが、現在では大規模な災害に備えて「7日分」の確保が推奨されています。

■「非常食」と「日常食」

備蓄におすすめの食品は、大きく分けて「非常食」と「日常食」の2種類。どちらかに偏るのではなく、バランスよく備えることが大切です。

【非常食】

非常時の備えとして用意し、主に災害時に食べられるもの。

> 3〜5年と保存期間が長めですが、半年に1度はチェックをしましょう!

【日常食】

日常的に食べていて、災害時にも食べられるもの。

> 6か月〜2年と保存期間が短めなので、ローリングストックを実践しましょう!

■ローリングストックでおうち備蓄をはじめよう!

「ローリングストック」とは、循環備蓄のこと。普段食べている食品を少し多めに買い置きし、期限の近いものから日常的に食べ、食べた分を買い足していくこと。常に一定量の食品がおうちに備蓄されていれば、万が一の時でも焦らずに行動でき、非常時のストレスも軽減できます。

備える → 消費する → 買い足す → 備える

■ローリングストックのメリット

1
賞味期限切れによる廃棄を減らせる!

普段使いをして買い足していくことで、定期的に賞味期限の見直しができ、食品の廃棄を防ぐことができます。

2
非常時にも食べなれたものが食べられる!

日常的に食べていれば、いざという時にも普段の食事に近いものが食べられる。食べなれた味は非常時のストレスを軽減してくれます。

3
いろいろな食品を食べることで、好みのものが備蓄できる!

事前にいろいろ試すことで、自分や家族の好みが把握できる。口に合わなかったものは備蓄リストから外しましょう。

◗◗ おうち備蓄の収納ポイント

備蓄をしていても、そろえたことで安心をしてしまい、その後「何を準備したのか覚えていない」「気づいたら賞味期限が切れていた」という事態が起こりがち。それを防ぐためのポイントを押さえておきましょう。

開封前 〉〉 >>>>>

Point 1

目立つところに賞味期限を書く

表示が小さくて見落としがちな賞味期限は、目につきやすい場所に書き直しておきましょう。保管している場所にテープとペンを置いておくと、その場で書けるので便利ですよ。

Point 2

補充は奥、使うのは手前から

同じ食品が引き出しや棚の中で散らばらないよう、定位置を決めましょう。食べた分を買い足したら、「補充は奥、使うのは手前から」を意識して収納すると、管理がしやすくなります。

Point 3

日常食はキッチン収納

普段食べている食品はキッチンに収納をしましょう。引き出しや棚を開いたら、ひと目でわかるように立てて収納し、種類ごとにカゴなどに分けて収納すると、見やすく取り出しやすくなります。

賞味期限とは？　開封前で書かれている保存方法を守っていれば、品質が変わらずにおいしく食べられる期限のこと。この期限を過ぎてもすぐに食べられなくなるわけではありませんが、開封後は期限に関係なく、早めに食べ切りましょう。

Point 4
非常食はクローゼットへ

非常時の備えとして用意した食品は、押し入れやクローゼットに収納してもOK。取り出しやすいケースや箱に入れて、家族の誰が見てもすぐ分かるように紙に書いておきましょう。

Point 5
水は分散収納をしましょう！

1か所に入らない場合は分散収納がおすすめ。押し入れや寝室のクローゼットなど、家の中の隙間を活用することができます。特に水は各部屋に置いておくと、災害で部屋に閉じ込められた時にも役立ちます。

Point 6
お菓子はリビングに収納

お菓子はリビングで食べることが多いので、カゴに入れてリビングでの収納がおすすめ。手の届きやすい場所に置いてしまうとつい食べ過ぎてしまうので、食器棚の一番上の段を定位置にすると◎。

Point 7
非常持ち出し袋の置き場所

非常持ち出し袋は、災害時にすぐに持ち出せる場所に置くのが基本です。逃げる際に必ず通る玄関や廊下の他、普段過ごす時間の多いリビングやキッチンなどに置いておけばチェックもしやすいです。

◼◼ おうち備蓄の収納ポイント

開封した食品は、期限に関係なく早めに食べ切りましょう。最後までおいしく食べ切るための正しい保存方法と、いつ開けたっけ？ まだ食べられる？をなくすためのポイントを押さえておきましょう。

開封後 〉〉 ＞＞＞＞

Point 1
調味料はドアポケットに集中配置

最短で取り出せる調味料は冷蔵庫のドアポケットに集中配置しましょう。あちこち分散させずに、ポケットからあふれるほど買わないようにする！ というルールを決めると管理がしやすくなります。

Point 2
調味料に開封日を書く

いつ開けたっけ？ まだ使える？ をなくすためにも、開封した調味料には「賞味期限」ではなく、「開封日」を書くようにしましょう。書くのはたまにしか使わない調味料だけでOK。2～3か月を目安に使い切って！

Point 3
調味料は冷凍できます！

柚子胡椒や豆板醤、コチュジャンなどの頻繁には使わない調味料は、容器ごと冷凍保存すれば風味も変わらず長持ち。塩分が高い調味料は冷凍しても凍らないので、スプーンなどですぐに取り出せます。

減らそう！ 防災備蓄の食品ロス　日常食は1か月に1度、非常食は半年に1度、賞味期限の見直しデーをつくりましょう。防災備蓄の食品ロスを減らし、普段の食事に取り入れて慣れ親しんでおくことで、非常時のストレスも軽減します。

Point 4

乾物はクリップで固定

使いかけの桜えびやかつお節は、常温保存だと風味が飛んで変色しやすいので、封を閉じたら見えやすいドアポケットにクリップで固定しましょう。目につく場所に収納できれば、使い忘れも防げます。

Point 5

使いかけの野菜はBOXに！

使いかけの野菜などは庫内で迷子になりやすいので、上段にカゴを置いて一か所にまとめましょう。見やすい場所に置くことで使い忘れもなくなり、献立も考えやすくなりますよ。

Point 6

開封した冷凍食品はダブル包装

開封した冷凍食品をそのまま冷凍室に戻してしまうと、中身が外にこぼれ落ちてしまいます。面倒でも、袋をクリップで留めてから冷凍用保存袋に入れてダブル包装すれば、おいしく長持ちしますよ。

Point 7

冷凍は立てて収納が基本です

冷凍室の下段は物を重ねてしまうと取り出しにくく、使い忘れの原因にもなるので立てて収納しましょう。カゴは収納量の増減で調整しにくいので、金属製のブックスタンドが便利です。

■■ 停電時にも役立つ冷蔵庫とは？

災害が発生して大規模停電になってしまっても、ドアを開けなければ、しばらくなら冷気が保てます。開けるたびに庫内の温度は上がってしまうので、あわてて開けないことがポイントに。普段からできる冷蔵庫の停電対策をご紹介します。

冷凍室にはたくさん詰めておく

日ごろから冷凍室はスペースの7〜9割を目安にたくさん詰めておきましょう。停電時にたくさん詰まっていれば、凍っている食品自体が保冷剤代わりになるので、溶けにくくなります。開けるたびに冷気が逃げてしまうので、常に中身を把握しておきましょう。

ペットボトルに水を入れて凍らせて！

ペットボトルに水を入れて凍らせておきましょう。停電時には保冷剤の代わりになるので、冷凍室の保冷効果が高まります。冷たい空気は上から下に流れる性質があるので、冷蔵室の上段に入れると冷えをキープできます。

製氷機の氷は満タンに！

非常時の備えに、製氷機の氷は常に満タンにしておくのがベター。氷をポリ袋に入れれば保冷剤として活用ができるので、クーラーボックスや保冷バッグへ。溶けたあとは飲み水にもなるのでムダになりません。

災害時、食品は何から使えばいい？　内閣府では公的な救援物資が届くまでの期間を1週間と想定しています。災害が発生したら、はじめの2日間は冷蔵庫にある食品を食べ、3日目以降に備蓄している非常食や日常食でしのいでいきましょう。

もしもに備える！
おうち備蓄リスト
〜食品編〜

もしものために水や食品などを
備蓄している人は多いと思いますが、
そろえたことで安心していませんか？
ストレスがかかりやすい緊張時ほど、
食べなれた味にホッとするので、
普段使いをして慣れ親しんでおきましょう。
備えと知恵があれば、
いざという時にも安心です。

【おうち備蓄リスト】
備えておきたい7つの食品

飲料水
1

P18〜

生命維持に必要な水は、大人ひとりあたり1日3ℓ。3ℓ×7日分が備蓄の目安です。お茶やコーヒー、野菜ジュースやスポーツドリンクなど、飲みなれたドリンク類もストックしてあると気持ちも落ち着きます。

主食
2

P30〜

お米やお餅、パスタやそうめんなど、主食となる炭水化物は、体の重要なエネルギー源。災害に備えるなら、とがずに使える無洗米や、ゆで時間が短いパスタやそうめんを中心に購入しておきましょう。

缶詰・瓶詰
3

P48〜

常温で長期保存が可能。そのまま食べられるものが多いので、非常時にも便利。魚、豆の缶詰は、たんぱく質を補って免疫力の低下を防いでくれます。フルーツの缶詰や瓶詰のジャムも用意しておきましょう。

レトルト食品・フリーズドライ

P62〜

加熱調理した食品を殺菌、密封したレトルト食品。常温での長期保存が可能で収納もコンパクト。主食から副菜まで種類が豊富で、そのままでも食べられます。お湯を注ぐだけのフリーズドライなども便利です。

調味料

P70〜

調理に使うだけでなく、缶詰やレトルト食品などに加えると簡単に味を変えられるので、家族の好みに合わせて調味料もストックしておきましょう。味噌や醤油、塩、酢などを使えば、保存食がつくれます。

お菓子

P78〜

甘いものは緊張した心を和ませ、糖分を補給することで脳の働きも活発に。スーパーやコンビニで手に入るチョコレートやクッキー、子供が好きなスナック菓子などを常備すればOK。栄養補助食品もおすすめ。

冷凍食品

P84〜

日常使いはもちろん、いざという時の備えにもなるので、自然解凍OKのものや冷凍野菜などを普段から購入しておくとよいでしょう。停電になっても冷凍室に食品がパンパンに詰められていれば、溶けにくくなります。

ひとりあたり1日3ℓ が備蓄の目安に！

私たちが生きていくうえで欠かせないのが水。大人ひとりあたり1日3ℓ が備蓄の目安になっています。災害時は断水や交通網の寸断などで配給できない場合もあるので、7日分は用意をしておきましょう。2ℓ のペットボトルの他、軽くて使い勝手のよい500㎖ボトルやウォーターサーバーを利用するのもおすすめです。

おおよその賞味期限　常温で2年／開封後　冷蔵で2〜3日（口をつけたらその日のうち）

水の種類

軟水　硬度100㎎/ℓ 未満。日本の水はほとんどが軟水で、口当たりが軽くて飲みやすいので、水分補給や料理に最適。就寝前や起床直後、疲労回復に適しています。胃腸への負担も少ないので、赤ちゃんでも安心して飲めます。

硬水　硬度が300㎎/ℓ 以上。カルシウムとマグネシウムが多く含まれているので、不足しがちなミネラルを手軽に補給できますが、しっかりとした口当たりで、ほのかな苦みを感じます。災害用の備蓄には軟水のほうがおすすめです。

▶▶ お役立ちメモ ▶▶

ペットボトルの水は期限が切れても飲める！

表示されている賞味期限は、長く保存すると水が蒸発して内容量が変わってしまうために設けた期限なので、期限が切れても安全性に問題はありません。直射日光や高温多湿を避けて保存していれば、期限後でも飲めます。気になるなら加熱して使いましょう。

1人分のスパゲティを簡単に計る方法！

スパゲティ1人分は100g。ペットボトルのキャップにスパゲティを立てれば、おおよそ100gになるので、計量器がなくても簡単に計ることができます。ペットボトルを保存容器として使えば、ひっくり返すだけで1人分が取れます。

大根とりんごの水キムチ

材料（つくりやすい分量）

大根　250g
りんご　¼個
にんにく　½片

A
- 水（ミネラルウォーター）100mℓ
- 酢　大さじ2
- 塩　小さじ1
- はちみつ　小さじ1

つくり方

1　大根は4cm長さに切って皮をむき、1cm幅の板状に切ってから縦に1cm幅の拍子木切りにする。りんごは皮付きのまま、0.5mm厚さの薄切りにする。にんにくは薄切りにする。

2　ポリ袋に1を入れてAを加え、空気を抜いて袋の口を縛り、冷蔵庫で一晩漬ける。

ローリングストック
Recipe

シュワッとしたのど越しで爽快感がプラス！

炭酸水とは、炭酸ガス（二酸化炭素）が溶け込んだ水のことで、もともとの地下水に炭酸ガスが含まれているものと、あとから炭酸ガスを添加したものの2種類があります。無糖のものなら水の代用としても活用ができ、炭酸ガスが胃腸を刺激して整腸作用を促進するので、便秘の解消や老廃物の排出もスムーズに！

炭酸水の種類

天然炭酸水　もともとの地下水に炭酸ガスが含まれているもので、採水地によって、炭酸の強さや水の硬度、ミネラルの含有量などが異なります。日本で天然炭酸水がとれる地域は少なく、ヨーロッパで採取された硬水の製品が主流です。

人工炭酸水　あとから炭酸ガスを添加したもの。国産炭酸水の多くはこちらで、炭酸ガスを人工的に添加しているので、炭酸の強さも幅が広く、好みや用途に応じて選べます。価格も天然炭酸水よりもリーズナブル。

▶▶ お役立ちメモ ◀◀

炭酸水でお米を炊くとおいしい！

炭酸水でお米を炊くと、気泡が米粒の間に入り込むので、水で炊くよりも表面がツヤツヤでふっくら炊き上がります。少し硬めの炊き上がりになるので、炊飯器の目盛より2mm程度多めに炭酸水を入れてください。冷めてもおいしいですよ。

炭酸水で洗って魚介類の臭み取り

えびやいか、魚などを炭酸水で洗うと、ぬめりや臭みがすぐに取れます。ボウルに魚介類を入れたら、かぶるくらいに炭酸水を注ぎ、手でよくかき混ぜてからザルに取るだけ。ぬめりや臭みが取れるだけでなく、食感もプリッとしますよ！

さわやかレモネード

材料（1人分）

レモン汁　大さじ1

はちみつ　大さじ½

氷　適量

炭酸水　100〜150㎖

レモンの輪切り　1枚

ミント　適宜

つくり方

1　グラスにレモン汁、はちみつを入れてよく混ぜる。

2　氷を加えて炭酸水を注ぎ、軽く混ぜ、レモンの輪切りを入れ、あればミントを飾る。

ローリングストック
Recipe

毎日の野菜摂取の補助におすすめです！

野菜が本来持っている栄養素のすべてが、野菜ジュースに含まれているわけではありませんが、野菜不足になりがちな人の栄養補助食品としてはおすすめ。生の野菜は水分が多くて傷みやすいので、保存期間の長い野菜ジュースやフルーツジュースなどもローリングストックに加えておきましょう。

野菜ジュースでアイスキャンディー

材料（1人分）
好きな野菜ジュース
　　1パック

つくり方
1　パックの上部の中心に、ナイフかハサミで1cmほどの切り込みを入れる。
2　こぼさないようにゆっくりアイスの棒を挿し、冷凍室に立てて入れる。
3　カチカチに凍ったら、パックを外す。
※フルーツジュースでつくってもおいしいですよ！

ローリングストック
Recipe

お茶のまろやかなコクに心も温まる!!

一杯のお茶には心を癒す力があります。さわやかな香りでまろやかなコクのある緑茶、香ばしく優しい味わいのほうじ茶。玄米独特の甘香ばしい香りで渋みの少ない玄米茶など、飲みなれたペットボトルのお茶も買い置きしておくと便利です。口の中をさっぱりとさせ、心身の助けになってくれます。

▶◀ お役立ちメモ ▶◀

ティーバッグや
粉末タイプも便利!

温かいお茶の存在はリラックスにも役立つので、急須のいらないティーバッグやお湯で溶かすだけで飲める粉末タイプもおすすめ。緑茶やほうじ茶に含まれているビタミンCは免疫力を向上させてコラーゲンの生成を助けてくれるので、健康維持にも欠かせません。

キャップ2杯で
大さじ1になる

ペットボトルのキャップは規格が統一されていて、キャップ1杯は7.5cc（ml）。大さじ1は15cc（ml）なので、キャップ2杯で大さじ1になります。計量スプーンがない時や、キャンプへ持って行くのを忘れた時などにも代用できるので、覚えておくと便利です。

コーヒー

おおよその賞味期限（インスタント）常温で1年／開封後（瓶）常温で1か月

1杯のコーヒーで気分がリフレッシュ！

コーヒーに含まれるカフェインは、脳を活性化して気分をリフレッシュさせてくれる効果があります。非常時ほど強く欲するので、コーヒーを毎日飲んでいる人や好きな人は、少し多めに購入しておきましょう。お湯で溶かすだけのスティックタイプや甘いラテなども非常時には役立ちます。

▶◀ お役立ちメモ ▶◀

ダルゴナコーヒーをつくってみよう

コーヒーをクリーム状になるまでかき混ぜ、牛乳に浮かべて飲む韓国発祥のダルゴナコーヒー。ペットボトルなら簡単につくれます。インスタントコーヒー、砂糖、お湯を各大さじ2ずつ入れて蓋をし、もったりと泡が立つまで振るだけ。氷を入れた牛乳に注げば完成です。

料理に深みをプラスしてくれる！

インスタントコーヒーは、隠し味として料理にほんの少し加えるだけで、深みがプラスされておいしくなります。おすすめは、カレーやシチュー、ハヤシライスなど。煮込み時間が短くても、ちょい足しするとコクが出て味わいがワンランクアップします。

優雅な気持ちでほっこりできる

慌ただしい朝でも優雅な気持ちになれる紅茶。カフェインを含んでいるので気分もリフレッシュできます。ティーポットのいらないティーバッグが便利。

▶◀ お役立ちメモ ▶◀

蓋をして蒸らすとおいしくなる

カップにお湯を注いでティーバッグを入れたら、蓋をすると香りが逃げずにしっかり蒸らすことができます。ティーバッグの紅茶もちょっとした工夫でリーフティーのようにおいしくなりますよ。

おおよその賞味期限（ティーバッグ）　常温で2年　／　開封後　すぐ使う

立ち上がる香りにも癒されます

薬草や香草を乾燥させてお茶にしたもの。ほとんどがノンカフェインなので、眠れない時やビタミンCの補給には、紅茶よりもハーブティーがおすすめ。

▶◀ お役立ちメモ ▶◀

フルーツジュースとのブレンド

ハーブティーが苦手な人にぜひ試してほしいのが、フルーツジュースとハーブティーのブレンド。グレープフルーツジュースとハイビスカスティーを合わせたら、見た目も鮮やかでおいしそうでしょ。

おおよその賞味期限（ティーバッグ）　常温で1年　／　開封後　すぐ使う

低脂肪で高たんぱく、健康が気になる人に!

豆乳とは、大豆を水に浸してすりつぶし、水を加えて煮詰めた汁を濾したもの。ここに凝固剤（にがり）を加えると豆腐になります。開封前なら常温で長期間保存が可能。健康飲料としても注目されていて、美肌や便秘解消にも効果的なのでローリングストックにおすすめ! バナナなどのフルーツ豆乳も人気です。

おおよその賞味期限 常温で6か月 開封後 冷蔵で2〜3日

豆乳の種類

無調整豆乳 大豆以外を使用していない大豆固形分8%以上のもの。大豆特有の青臭さがあるので、大豆そのものの味を楽しみたい人に。料理にも幅広く使え、普段牛乳でつくるものを豆乳に置き換えるだけで、豆乳のまろやかな風味が楽しめます。

調整豆乳 大豆固形分6%以上のもので、無調整豆乳に砂糖などを加えて飲みやすい味や香りにしたもの。ほんのり甘く、クセや青臭さが少ないので子供でも飲みやすい。大豆の栄養をより多く摂取したいなら無調整豆乳のほうがおすすめです。

▶◀ お役立ちメモ ▶◀

豆乳をこぼさずに注ぐ方法!

パックの豆乳をグラスに注ぐ際、豆乳が急に飛び跳ねて、テーブルの周りを汚したことはありませんか? 注ぐ時はパックの注ぎ口を下にするのではなく、上にしてグラスに注ぐと、注ぎ口からパックの中に空気が入り、跳ね返りがありません。

口栓の上手な取り外し方

ゴミの分別の際、取り外しがしにくい豆乳の口栓。飲み終わったパックは、上下の折り込み接着部分をはがし、押し広げながら薄く畳んで口栓を後ろから押すと簡単に取り外せます。口栓の内側には歯がついているので気をつけて。

ローリングストック
Recipe

豆花（トウファ）

材料（つくりやすい分量）

無調整豆乳　500㎖

熱湯　50㎖

粉ゼラチン　5g

あんこ　適量

きなこ　適量

黒みつ　適量

つくり方

1　熱湯に粉ゼラチンを振り入れよく溶かす。これをボウルに入れた豆乳に加えてよく混ぜ、冷蔵庫で2時間以上冷やし固める。

2　1をすくって器に盛り、あんこをのせ、きなこと黒みつをかける。

夏になるとやっぱり飲みたくなる!!

幅広い年代に愛されている乳酸菌飲料のカルピス。ヤクルトやヨーグルト飲料は冷蔵を必要としますが、カルピスは常温保存ができるので備蓄にもおすすめです。希釈タイプなら、夏はアイスで冬はホットでと、違った味わいが楽しめます。乳酸菌は、腸内環境の改善や免疫力を高めてくれますよ。

南国風カルピスシャーベット

材料（つくりやすい分量）
牛乳　200mℓ
カルピス　100mℓ
冷凍マンゴー　80g
冷凍ブルーベリー　40g
ミント　適宜

つくり方
1　冷凍用保存袋に牛乳とカルピス、冷凍マンゴー、冷凍ブルーベリーを入れて軽く混ぜ、空気を抜いて袋を閉じる。
2　袋を平らにしてアルミバットにのせ、3〜4時間冷凍する。
3　手でもんでから器に盛り、あればミントを飾る。

ローリングストック
Recipe

熱中症予防や発熱時の脱水対策に！

暑い時期の熱中症予防や発熱時の脱水対策、のどの渇きや食欲の減退が見られたら、水分とナトリウムをスムーズに摂取できるイオン飲料（スポーツドリンク）がおすすめ。水よりも早く体内に吸収されてカロリーも一緒に摂取できるので、食欲がない時にも役立ちます。粉末も便利ですよ。

◂◂ お役立ちメモ ▸▸

手作りで、おいしく水分補給

シンプルな材料だけでつくれるので、スポーツドリンクは手作りもおすすめ。マイボトルに砂糖大さじ1、レモン汁小さじ1、塩小さじ¼を入れ、冷たい水（ミネラルウォーター）250mlを注いで混ぜるだけ。自分の好みに合わせてアレンジも楽しめます。

風邪の時は温めて飲んで！

普段は冷たくして飲むスポーツドリンクですが、胃を冷やすので体調の悪いときには温めて飲みましょう。マグカップに入れたら電子レンジで体温以上に加熱すればOK。温めて飲むことで体温が上がり、血液の流れがよくなるので、ウイルスの撃退に効果的な飲み方です。

おおよその賞味期限（精米後）　常温で1か月、冷蔵で2か月

お米2kgで約26杯分のごはんに!!

パワーの源となる栄養素がたくさん含まれているのがお米。お米に含まれるでんぷんは消化・吸収も早いので、エネルギーをたくわえ持続力を発揮してくれます。災害時にはとがずに使える無洗米が、水の節約になるのでおすすめです。ポリ袋を使ったご飯の炊き方を、P104でご紹介します。

米の種類

玄米とは？　稲の果実にあたる籾（もみ）から、殻のみを取り除いた状態のものを玄米といいます。浸水時間が6〜7時間と長いのですが、白米よりもたくさんの栄養素を摂取できます。

白米とは？　日本人の食生活において最も親しみのあるお米で、玄米から茶色い表皮の糠（ぬか）と胚芽（はいが）を取り除いた状態のもの。玄米から糠を削り落として白米にする作業を「精米」といいます。

▶▶ お役立ちメモ ◀◀

古くなったお米を
新米のようにする裏ワザ

古くなったお米を炊く時にみりんを隠し味で加えると、お米をコーティングして新米のようにツヤが出てふっくらします。お米2合にみりん大さじ1が目安。はちみつならツヤと甘みがプラス。オリーブオイルならパサつきがなくなります。

お米の保存は
野菜室がおすすめです！

お米のベストな保存場所は冷蔵庫の野菜室。マチのある保存袋やペットボトルの空き容器に入れて保存しましょう。10℃以下なら保存期間は2か月と長持ち。さらに甘みやおいしさをキープし虫もつきません。気温の上がる夏場だけでも移動を！

炊飯器でサムゲタン風

材料（2人分）
鶏手羽元　4本
米　½合
塩　小さじ1
にんにく　2片
万能ねぎ（小口切り）　適量
七味唐辛子　適宜

つくり方
1　鶏手羽元は骨に沿ってハサミで切り開く。
2　米は洗って炊飯器に入れ、水を3合の目盛まで注ぎ、塩を加えて混ぜる。
3　1とにんにくを加え、おかゆモードで炊く。
4　器に盛り、ねぎをのせ、お好みで七味唐辛子を振る。

レンチンするだけのお手軽ごはん!!

レンジで加熱するだけのパックごはんは、温めるだけですぐに食べられるのでとっても便利。コンパクトで収納しやすく、保存性もあることから、ひとり暮らしや非常用にもおすすめです。ごはんを炊くのが面倒な時や、炊き忘れた時にも重宝します。そのままでは食べられないので、必ず加熱しましょう。

▶◀ お役立ちメモ ▶◀

レンジを使わずに
ごはんを温める方法

レンジ加熱なら2分と便利ですが、災害時やキャンプなどで電気が使えない時には、湯戻しがおすすめ。耐熱の保存袋にパックから出したごはんを入れ、空気を抜いて袋の口を縛り、耐熱皿を入れて水を注いだ鍋に袋を入れてから火をつけ、沸騰後10分煮ればOKです。

レンチンでさらに
おいしくする裏ワザ

パックごはんをレンチンでさらにおいしくする裏ワザです。蓋を開けたら電子レンジに入れて表示通り加熱したあと、パックをひっくり返して1分置くだけ。蒸気が逃げずにパックの中のごはんを均一に蒸らしてくれるので、いつもよりも食感や味わいがおいしくなりますよ。

長期保存できるから非常食にぴったり！

いつ起こるか分からない災害に備えて、長期保存可能なアルファ化米は非常食としての備蓄に最適。軽量＆コンパクトで備蓄しやすいだけでなく、白飯以外にも、赤飯や五目御飯、山菜おこわ、おかゆ、ドライカレー、チキンライスなどもあるので、味わいもバラエティ豊か。災害時の必須のアイテムです。

アルファ化米で簡単五目ちらし

ローリングストック
Recipe

材料（2〜3人分）
アルファ化米（白米）　2袋
熱湯　表示通りの量
五目ちらしの素
　2人前×1袋
厚焼き卵　100g
きゅうり　½本
付属の海苔　適量

つくり方
1　アルファ化米にそれぞれ熱湯を注ぎ、15分置く。
2　ボウルに1を入れて木べらでほぐし、五目ちらしの素を加えて混ぜる。
3　厚焼き卵ときゅうりは1cm角に切り、2に加えさっと混ぜる。
4　器に盛り、付属の海苔を飾る。

ゆっくり消化されるから腹持ちがいい

もち米からつくられているので栄養素が豊富。お餅にすることで粘りが出るため、ごはんよりも消化のスピードが遅く腹持ちがいいです。傷みにくい個包装タイプの切り餅がおすすめです。カビが生えたお餅は、表面上のカビを取り除いても、目に見えないカビが内部に広がっているので食べられません。

餅の種類

丸餅とは？　西日本で主流のお餅。丸い小餅にして食べやすくし、西日本の雑煮を中心に、ゆでて用いられています。ちなみに丸餅には「角が立たず円満に過ごせるように」との意味が込められているそうです。

角餅とは？　東日本で主流のお餅。江戸時代の人口増加に伴い、一度にたくさんつくれるのし餅（ついた餅を1.5cm前後の厚さにのばして板状にしたもの）から広まったと言われています。東日本では、角餅を焼いてから食べる地域が多いです。

▶▶ お役立ちメモ ◀◀

わさびを添えればお餅のカビ防止に！

個包装されていないお餅はカビが生えやすいので、殺菌効果のあるわさびと一緒に保存しましょう。密閉容器にお餅を並べたら、お弁当用のカップに入れたわさびを隙間に添えるだけで、1週間程度ならカビが生えにくくなります。

切り餅で白米がおこわに大変身！

白米を炊く時に切り餅を入れるだけで、もち米のような食感になります。お米2合に切り餅1〜2個が目安。さつまいもごはんや五目御飯などに加えてもおいしいですよ。切り餅は2cm角に切ってから炊くと混ざりやすいです。

お餅の肉巻き〜半熟卵添え〜

材料（2人分）

切り餅　3個

豚バラ薄切り肉　6枚

大葉　3枚

片栗粉　適量

サラダ油　小さじ2

半熟卵　1個

A
┌ 醤油　大さじ1
│ みりん　大さじ½
│ 砂糖　大さじ½
└ 酒　大さじ½

つくり方

1　切り餅と大葉は縦半分に切って豚肉で巻き、片栗粉をまぶす。

2　フライパンにサラダ油を入れ中火で熱し、1の巻き終わりを下にして焼く。

3　肉に火が通ったらAを加えて煮絡める。

4　器に盛り、半分に切った半熟卵を添える。

胃にやさしくて低カロリー！

温めなくてもそのまま食べることができる、レトルトのおかゆも便利。梅、卵、鮭、あずき、玄米などのおかゆもあるので、味わいもバラエティ豊か。レトルトパウチなので持ち運びもしやすく、非常時だけでなく、海外旅行で和食が恋しい時や赤ちゃんの離乳食としても活用できます。

おかゆのミートドリア

材料（1人分）
アボカド　½個
おかゆ（白がゆ）　1パック
ミートソース　大さじ3〜4
ピザ用チーズ　20g

つくり方
1　アボカドは皮と種を取り食べやすく切る。
2　耐熱皿におかゆを入れ、ミートソースと1、ピザ用チーズをのせる。
3　トースター（1000W）で表面に焼き色がつくまで加熱する。

ローリングストック
Recipe

お湯を注ぐだけで食べられる！

本格的な味を家庭で手軽に味わえるインスタントの
カップ麺。味のバリエーションも豊富で、食器として
使用できる容器に入っているので、お湯を注ぐだけで
簡単につくれます。減塩製品も増えてきましたが、食
後にのどが渇くので、災害時はスープを飲み干さずに
調整しましょう。

▶◀ お役立ちメモ ▶◀

蓋をピタッと
くっつける裏ワザ

お湯を注いだ後のカップ麺の蓋。シー
ルがついているものもありますが、お
すすめはお湯を沸かしたやかんや鍋の
底を蓋に5〜10秒ほど押し付けてくっ
つける方法。もともと蓋についていた
のりが熱によって復活するので、未開
封の時のようにピタッとくっつきます
よ。

焼きそばの麺を
もちもち食感に！！

水っぽく仕上がってしまうカップ麺の
焼きそばですが、レンジ加熱すると余
分な水分が飛んで食感がもちもちにな
ります。お湯を注いだら表示よりも1
分短い時間で湯切りをして麺を皿に移
し、ラップをかけずに電子レンジで2
分加熱してソースで和えるだけ。おい
しいのでぜひお試しを！

いざという時の強い味方に!

本格的な味を家庭で手軽に味わえるインスタントの袋麺。塩や醤油など、味のバリエーションも豊富です。塩分量が気になるなら野菜をたっぷり加えたり、付属の粉末スープを減らしたりして調整をしましょう。鍋や食器が必要になりますが、いざという時の強い味方になります。

麺の種類

油揚げ麺とは? 油で1〜2分ほど揚げた麺のこと。カロリーは高くなりますが、油のうまみが加わるのでスープに深みが出ます。麺は揚げることで水分の蒸発した孔(小さな穴)が開き、そこからお湯が染み込んでやわらかくなります。

ノンフライ麺とは? 油で揚げずに、乾燥させてつくった麺のこと。油揚げ麺よりもカロリーが低く、余分な油もないので、スッキリとした味わいのスープが楽しめます。麺はのど越しがよく、つるつるとした食感。コシのある食べ応えです。

▶▶ お役立ちメモ ◀◀

お湯がなくても水だけでつくれます!

袋麺は水でもつくれます。麺を半分に割って分量の水を直接注ぎ、20分ほど待つだけ。袋が器代わりになるので、食器を洗う水も節約できますよ。もちろん、カップ麺もOK。製品によっても待つ時間が違うので事前に試してみて!

麺の食感がもちもちになる!?

熱湯500mℓに麺と重曹を小さじ½入れて煮ると、麺がもちもちになります。麺をゆでたら流水でさっと洗い、スープと合わせれば完成です。重曹入りのお湯でスープをつくると苦みが出るので、スープは別でつくってください。

チキンラーメンでチキンフライ

材料（2人分）
鶏むね肉　1枚
チキンラーメン　1個
小麦粉　適量
溶き卵　1個分
レモン（くし形切り）
　1切れ
揚げ油　適量

つくり方

1　チキンラーメンは袋の上から手でつぶし、細かく砕く。

2　鶏むね肉1枚はひと口大のそぎ切りにし、小麦粉、溶き卵、1の順にまぶす。

3　170℃の油で2〜3分ほど揚げたら器に盛り、レモンを添える。

食欲のない時にもツルッといただける

短時間でゆでることができるそうめんは、水や燃料の節約につながるので非常時にもおすすめ。塩分があるので別ゆでするのが基本となりますが、塩分を活かして野菜と一緒に煮込めば塩味のにゅうめんに。ちなみに、直径1.3mm未満の麺をそうめん、直径1.3mm以上、1.7mm未満の麺をひやむぎといいます。

麺の種類

手延べそうめんとは？ 手作業でつくられたそうめんのこと。生地をねじりながら細くのばしていくといった作業を何度も繰り返していくので、麺にコシと弾力があり、なめらかでつるつるとしたのど越し。手延べそうめんは夏の贈り物に喜ばれます。

機械そうめんとは？ すべて機械作業でつくられたそうめんのこと。生地を平らな板状にして細く切っていくので、手延べそうめんに比べてコシや弾力が弱い。大量生産できるので、手延べそうめんよりも値段が安いです。

▶▶ お役立ちメモ ◀◀

ちょっぴりエコな そうめんのゆで方

加熱時間を短くするそうめんのゆで方。フライパンの7分目まで水を入れ、沸騰したらそうめんを加えます。箸で5〜6回混ぜてほぐしたら、蓋をして火を止め2分置くだけ。フライパンなら水も少なくできるし、吹きこぼれの心配もありません。

ゆでたそうめんが くっつかない裏ワザ

ゆでて時間が経つと、すぐにくっついてしまうそうめんですが、ゆで上がったそうめんに、ごま油やオリーブオイルを適量垂らして混ぜておけば、しばらく置いてもくっつきません。風味もプラスされるので、さらにおいしく食べられますよ。

豆乳ごまだれそうめん

材料（2人分）

そうめん　150ｇ（3束）

茄子　2本

ツナ缶　1缶（75ｇ）

万能ねぎ（小口切り）　適量

ラー油　適宜

A ┌ 豆乳　150㎖
　├ めんつゆ（3倍濃縮）
　│ 　大さじ3
　└ 白すりごま　大さじ3

つくり方

1　そうめんは表示通りゆでて流水で洗い、水け
を切って器に盛る。

2　茄子はヘタを切り落とし、1本ずつラップで
包んで電子レンジ（600Ｗ）で4分加熱する。粗
熱が取れたら縦6〜8等分に手で裂く。

3　器に1を盛り、2とほぐしたツナをのせ、よく
混ぜ合わせたAを注ぐ。

4　万能ねぎを散らし、お好みでラー油をまわし
かける。

うどん

胃にやさしく消化吸収にもよい！

食べ応えがあり、胃にやさしく消化によいうどん。そうめんに比べて加熱時間が長いので、P44の水漬けパスタを参考にゆでれば、災害時も安心です。

▶▶ お役立ちメモ ▶▶

ゆでたうどんは冷凍保存OK！

大量にゆでて残ったゆでうどんは冷凍が可能です。食べやすい量や1人分ずつに分けてラップで包み、冷凍用保存袋へ。保存期間は1か月。解凍はそのままお湯でゆでるか、電子レンジで加熱すればOKです。

おおよその賞味期限　常温で8か月　／　開封後　常温・冷蔵で賞味期限内

そば

健康食品としても大注目！

そばはビタミンやミネラル、食物繊維などの栄養素が多く含まれている健康食品。毎日の疲れや身体の抵抗力を高める効果も期待できます。

▶▶ お役立ちメモ ▶▶

そば湯もぜひ飲んでみて

「そば湯」とは、そばをゆでたあとのゆで汁。栄養成分が溶けだしているので、飲まなきゃもったいないですよ。そばつゆで割ると塩分が高くなるので、そのまま食後のお茶感覚で飲んでみてください。

おおよその賞味期限　常温で8か月　／　開封後　常温・冷蔵で賞味期限内

ツルっとしたのど越し！

春雨は緑豆やいも類のでんぷんを使った乾麺の一種。クセのない味わいなので様々な料理にアレンジ可能です。必要な分だけ使える小分けタイプのものや、ゆでずに熱湯だけで戻せるものなら、スープやみそ汁に入れればそのまますぐに食べることができるので、手軽に使えます。

キャベツとひき肉の春雨のスープ

ローリングストック
Recipe

材料（2人分）

豚ひき肉　100g

キャベツ　¼個

春雨　20〜30g

ラー油　適量

A
- だし汁　2カップ
- みりん　大さじ1と½
- 酒　大さじ½
- 塩　小さじ⅔
- にんにく（薄切り）　1片分

つくり方

1　キャベツはひと口大に切る。

2　鍋にAを入れ火にかけ、沸騰したらひき肉をひとさし指の先くらいの大きさにつまんで加える。

3　アクを取ってから1と春雨を加え、野菜に火が通るまで弱めの中火で煮る。

4　器に盛り、ラー油をかける。

パスタって無性に食べたくならない？

パスタはローリングストックにおすすめの食材。賞味期限が長くかさばらないので、保存場所も取らないし、チャック付きなら使い勝手も抜群です。3分や5分でゆでられる早ゆでタイプなら、普段使いだけでなく、災害時にも便利。レトルトや缶詰のパスタソースも併せてストックしておきましょう。

パスタの種類

ロングパスタとは？　長さが25cm前後で、太さ1.6mm〜1.9mmのスパゲティがおなじみ。太さ1.2mm〜1.6mmのスパゲティーニは、汁けの多いソースやオイルを使ったパスタに、太さ1.0mm〜1.1mmのカッペリーニは冷製パスタに合います。

ショートパスタとは？　3mm〜5mmくらいの穴が開いている短いパスタをマッケーリーニ（マカロニ）、先がペン状にとがっているものをペンネ、蝶の形をしたのがファルファッレといいます。ショートパスタはクリームソースやトマトソースとよく合います。

▶◀ お役立ちメモ ▶◀

パスタの袋は
とじ目を切らない！

パスタなどの乾燥麺は、開ける時に上部のとじ目を横に切りがちですが、麺類などの袋は上部ではなく、横の表面部分を縦に切れば取り出しやすくなって、収納する際もコンパクトに。輪ゴムでしっかり留められるので、おいしく保存できます。

水漬けパスタで
ゆで時間の時短に！

「水漬けパスタ」という時短テクニック。バットにパスタを入れ、たっぷりの水を注ぎ（大きい器がなければ半分に折ってOK）、2時間ほど置いてから熱湯でパスタを1分ゆでるだけ。あとはお好みの味付けでおいしく召し上がれます。

レンジで簡単！　カルボナーラ

材料（1人分）

スパゲティ　100g
　（ゆで時間3〜5分のもの）
ベーコン　2枚
卵　2個
粉チーズ　大さじ2
黒胡椒　適宜

A ┌ 水　250mℓ
　│ 顆粒コンソメスープの素
　│ 　小さじ1
　│ にんにく（チューブ）　2cm
　│ 塩　少々
　└ バター　10g

つくり方

1　ベーコンは1cm幅に切る。

2　耐熱容器に半分に折ったスパゲティを入れて1をのせ、Aを上から順に加えて箸で軽く混ぜる。

3　蓋やラップをかけずに電子レンジ（600W）で、スパゲティのゆで時間＋3分加熱する。

4　取り出してひと混ぜし、溶き卵と粉チーズを加えてよく混ぜる。

5　器に盛り、お好みで黒胡椒を振る。

ローリングストック
Recipe

シリアル食品

手軽さが朝ごはんの強い味方に

とうもろこし、米、小麦、大麦、オーツ麦などの穀物を押しつぶして薄いフレークにし、加熱調理したもの。ビタミンやミネラル、食物繊維が豊富です。

▶▶ お役立ちメモ ◀◀

サラダのトッピングにもなる

カリカリとした食感がクルトンの代わりになり、栄養価も高めてくれるので、サラダのトッピングにおすすめです。洋風だけでなく、和風ドレッシングなどにも合うので、いろいろと試してみてください。

おおよその賞味期限　常温で1年　／　開封後　常温で2週間

パン缶

缶を開けるとパンの香りがふわり

朝食はごはんよりもパン派！という人には、非常食にパンの缶詰がおすすめ。長期保存が可能で、焼き立てのおいしさが味わえる商品も増えてきました。

▶▶ お役立ちメモ ◀◀

フレンチトーストもつくれちゃう！

パンを2cm幅に切り、バットに卵1個、牛乳100㎖、砂糖大さじ1を入れてよく混ぜ、パンを浸す。熱したフライパンにバター10gを入れ、両面焼いてシロップをかければ、フレンチトーストになります！

おおよその賞味期限　常温で3年　／　開封後　常温で2日

お菓子も簡単につくれる魔法の粉!

牛乳や卵と混ぜて焼くだけで、ふんわりおいしいホットケーキがつくれる便利なホットケーキミックス。薄力粉や砂糖、ベーキングパウダーなどがバランスよく配合されているので、ホットケーキだけでなく、お菓子やパンなども手軽につくれます。備蓄しておくと非常時にも重宝しますよ。

レンジで簡単! チョコレートブラウニー

ローリングストック
Recipe

材料(つくりやすい分量)
板チョコ　60g
牛乳　60㎖
サラダ油　大さじ2
ホットケーキミックス　60g

つくり方
1　板チョコは細かく刻む。
2　ボウルに1と牛乳を入れ、ラップをかけずに電子レンジ(600W)で1分加熱する。サラダ油を加えて混ぜ、ホットケーキミックスを加えてさらによく混ぜ合わせる。
3　クッキングシートを敷いた耐熱容器に流し入れ、ラップをかけずに、電子レンジ(600W)で3分ほど加熱する。
4　粗熱が取れたら冷蔵庫で冷やし、食べやすく切る。

魚缶の一番人気はやっぱりツナ缶!

まぐろやかつおからできているツナ缶。そのまま食べても、調理に使っても、油や水煮の缶汁まで使えるからとっても便利。たんぱく質などの栄養もしっかり摂取できて日持ちもするので、ローリングストックにぜひ加えておきましょう。メインのおかずから手軽なサブおかずまで、幅広い調理が可能です。

ツナ缶の違い

油漬け　調味料の半分以上が油なのでコクがあります。身をフレーク状にほぐしたものは、和え物やスープなど、料理にそのまま使えるので便利。ソリッドと呼ばれるものはツナの身を塊のまま缶詰にしたもので、しっかりとした食べ応えがあります。

水煮　油を調味に使用せず、水や野菜スープなどで仕上げているので、低カロリーであっさりした味わい。煮物などに最適で缶にノンオイルと書かれています。油控えめタイプの水煮もあるので、缶の表示をしっかり確認しましょう。

►► お役立ちメモ ►►

ツナの缶汁は
ちょい足しに使えます

ツナの缶汁を捨ててしまうのはもったいない。調理に加えるだけで、風味も増して栄養も摂取できます。卵焼きやみそ汁をつくるときに隠し味で缶汁を加えたり、炒め油やドレッシングに使ったり。ほのかにツナの香りがしておいしいですよ。

ツナの油を
簡単に切る方法

和え物やサラダをヘルシーに仕上げたい時はツナの油は切りたいですよね? 小さいボウルに4つ折りにしたペーパーを敷き、缶汁ごと中身を入れて1分ほど放置すれば、ペーパーが余分な油を吸い取ってくれるので、簡単に油切りができます。

レンジでツナじゃが

材料（2人分）

じゃがいも　2個

玉ねぎ　¼個

ツナ缶　1缶

万能ねぎ（小口切り）　適量

A
- 醤油　大さじ1
- 砂糖　大さじ1
- 酒　大さじ1
- みりん　小さじ1

つくり方

1　じゃがいもは皮をむいてひと口大に切り、玉ねぎはくし形に切る。

2　ボウルに1とツナを缶汁ごと加え、**A**をまわしかけて軽く混ぜ、ふんわりとラップをかけ、電子レンジ（600W）で5分加熱する。

3　取り出してひと混ぜし、ラップを戻しかけてもう1分加熱する。

4　器に盛り、万能ねぎをのせる。

缶を開けたらすぐに食べられる！

おおよその賞味期限　常温で3年　開封後　冷蔵で2日

ブームにもなったさば缶。骨までやわらかく煮込んであり、良質なたんぱく質やビタミンD、青魚に含まれている健康成分EPAやDHAも多く含まれているので栄養豊富。そのまま食べてもおいしいのですが、ほんのちょっと手を加えれば立派なメインおかずやおつまみにも変身します。価格もリーズナブル。

さば缶の違い

味付け缶　そのままでもおいしく食べられる味付け缶は、非常時にもおすすめ。「味噌味」「醤油味」の定番から、「トマト味」や「カレー味」などといった変わり種も発売されているので、バリエーション豊富。白いごはんにもよく合います。

水煮缶　新鮮なさばを塩で味付けしたシンプルな水煮缶は、さば本来の味を楽しみたい人や、調理用として使いたい人におすすめ。余計な調味料も加えられていないので、味付け缶よりもカロリーが低く、サラダや煮物としても楽しめます。

▶▶ お役立ちメモ ◀◀

栄養満点の缶汁は
味噌汁に加えて！

シンプルな味わいのさばの水煮缶。缶の煮汁にも多くの栄養素が詰まっているので、捨てずに味噌汁のダシとして活用すれば、香り豊かで栄養満点の味噌汁になります。魚の臭みが気になるなら、おろししょうがなどを加えてみて。

缶を捨てる時の
処理のポイント

食べ終わったさば缶はキッチンに置いているだけで臭ってくるので、すぐに処理しましょう。缶に残ったカスや脂をペーパーでしっかり拭き取り、食器用洗剤とぬるま湯に入れ、しばらく置いたらすすぎ洗いを。乾かしてから捨ててください。

さばのコールスローサラダ

材料（2人分）
キャベツ　200g
玉ねぎ　¼個
人参　50g
さばの水煮缶　1缶

A
マヨネーズ　大さじ3
酢　大さじ1と½
はちみつ　大さじ½
黒胡椒　少々

つくり方
1　キャベツ、玉ねぎ、人参はせん切りにする。
2　ボウルにAを入れてよく混ぜ、1を加え混ぜる。
3　野菜がしんなりしたら、缶汁を切ったさばの水煮缶を加えて混ぜる。

さまざまなレシピにアレンジできる！

鮭の身を水煮や油漬けにした鮭缶。カルシウムや脳にいいDHA、コレステロールを抑えるEPAなどが多く含まれていて栄養豊富。下ごしらえの手間も省けるのでさば缶同様、人気です。そのまま食べてもおいしいのですが、主食からおかず、おつまみと様々なシーンでアレンジが可能です。

鮭缶とキャベツのホイル蒸し

材料（2人分）
キャベツ　200g
ミニトマト　6個
鮭缶（大）　1缶
レモン（薄切り）　4枚
バター　10g
ポン酢　適量

つくり方

1　キャベツはざく切りにする。

2　アルミホイルは30〜40cm長さを2枚用意して、ホイルの手前に半量ずつ、1、鮭、ミニトマト、レモン、バターをのせる。

3　缶汁を小さじ2ずつまわしかけ、ホイルをしっかり閉じる。

4　トースター（1000W）に入れて10〜12分ほど焼き、ホイルを開いてポン酢をかける。

ローリングストック
Recipe

いざという時の栄養源に！

やきとりを缶詰にしたもの。甘くて濃厚なたれ味と素材のうまみを活かしたさっぱり塩味の2種類が定番。どちらもたれまで活かして、チャーハンや親子丼、パスタなどのアレンジ調理も可能です。賞味期限も長いので非常時はもちろん、ビールのおつまみやちょっとした夜食にも使えて便利です。

▶┥ お役立ちメモ ┝◀

缶詰の温めは
湯煎で行いましょう

冷たいままだと味気なく感じてしまう缶詰も、温めれば身がやわらかく、風味もアップします。缶から出してレンジ加熱すると、身が弾けて見た目も食感も悪くなるので、缶詰は湯煎がベスト。沸騰させて火を止めた鍋に入れ、蓋をして5分ほど置いておくとおいしくなりますよ。

アヒージョ風の
おつまみに変身！

やきとり缶がバルで人気の、アヒージョ風のおつまみになります。やきとり缶（塩味）の蓋を開け、オリーブオイル大さじ2、みじん切りにしたにんにく1片分、赤唐辛子の小口切りを少量加え、表面に焼き色がつくまでトースターで焼くだけ。白ワインやビールによく合います。

53

スパム缶

アメリカ生まれのお肉の缶詰！

加熱処理されているのでそのままでも食べられますが、フライパンで焼いたり、レンジで加熱したりすることによってジューシーさがアップします。

▶▶ お役立ちメモ ◀◀

湯煎すれば取り出しやすい！

缶から取り出しにくいスパム缶ですが、沸騰させて火を止めたお湯に缶詰を入れて2分ほど置けば、缶についていた脂分が溶けて、するっと出てきますよ！ 開封して使い切れなかったら小分けにして冷凍しましょう。

おおよその賞味期限 **常温で3年** ／ 開封後 **冷蔵で3日、冷凍で1か月**

コンビーフ缶

ほぐした牛肉の塩漬け！

そのまま食べても、醤油やマヨネーズで和えても、さっと焼いて食べてもおいしいコンビーフ缶。開封して使い切れなかったら冷凍しましょう。

▶▶ お役立ちメモ ◀◀

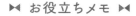

凍らせて食べてもおいしい！

コンビーフは凍らせて食べてもおいしいですよ。缶ごと凍らせたら取り出して食べやすく薄切りにし、わさび醤油を添えるだけ。いつもとは違う味わいが、食卓で楽しめます。

おおよその賞味期限 **常温で3年** ／ 開封後 **冷蔵で3日、冷凍で1か月**

甘辛い味でごはんに合う!

脂ののったさんまを開き、甘辛味のたれでかば焼きにしたもの。たれにうまみがたっぷりあるので、味付け不要で卵焼きや炒め物などにもアレンジできます。

おおよその賞味期限　常温で3年　／　開封後　冷蔵で2日

さんまかば焼き缶

魚のうまみたっぷり!

脂がのったいわしを塩漬けにしてオイル煮にしたもの。頭と内臓を取り除いてあるので食べやすく、そのままはもちろん、サラダやパスタにもよく合います。

おおよその賞味期限　常温で3年　／　開封後　冷蔵で3日

オイルサーディン缶

黄色いつぶつぶがキュート!

甘いコーンがたっぷり詰まった缶詰。シャキッとした食感で色鮮やか。サラダや炒め物など、幅広い料理に使えます。袋から出してそのまま使えるパウチタイプも便利。

おおよその賞味期限　常温で2〜3年　／　開封後　冷蔵で2〜3日

コーン缶

栄養がたっぷり含まれています

「畑のお肉」と呼ばれるほど、大豆にはたんぱく質が多く含まれています。栄養素が流れ出やすい水煮よりも、蒸すことで栄養素が凝縮された蒸し大豆がおすすめ。

おおよその賞味期限　常温で1〜2年　／　開封後　冷蔵で2〜3日

蒸し大豆缶

栄誉たっぷりで医者いらず!?

トマトの水煮を缶詰にしたもの。安いものだと1缶100円から手に入るので、節約はもちろん、湯むきする手間もかからず時短調理の強い味方に。季節を問わず、手軽に完熟トマトを使った料理がつくれるので常備しておくと便利。リコピンなどの栄養価も高く、生のトマトに比べてコクがあります。

トマト缶の違い

ホール缶　トマトが丸ごと入ったホールトマト。味が濃く、果実には甘み、種には酸味があるので、一緒に加熱することでうまみが増し、味に深みが出てきます。煮崩れもしやすいので、トマトソースなどの煮込み料理におすすめです。

ダイス缶　ダイスカットされたカットトマト。種を取り除いてカットしてあるので、酸味が少なく、ホールトマトよりもあっさりしています。加熱時間の少ないスープや、そのままドレッシングやサルサソースにしてもおいしいですよ。

▶▶ お役立ちメモ ◀◀

ホールトマトは
はさみで切るとラク!

手や木べらを使って鍋でホールトマトをつぶすと、トマトの赤い汁が飛びちることがありませんか？　ホールトマトをつぶすなら、キッチンばさみがおすすめ。缶の中にハサミを入れ、ざくざくと切るだけで、細かくつぶすことができます。

残ったトマト缶は
冷凍保存がおすすめ!

開封したトマト缶が使い切れなかったら、冷凍保存がおすすめ。冷蔵だと保存期間は2〜3日と短いのですが、冷凍しておけば1か月保存可能。冷凍用保存袋に入れ薄く平らにします。菜箸で筋を入れておけば、折って使えるのでさらに◎。

トマト風味のつけそうめん

材料（2人分）

そうめん　150g（3束）
大葉（せん切り）　適量
みょうが（小口切り）　適量
白いりごま　適量
A ┬ トマト缶（ダイス）　1缶
　└ めんつゆ（3倍濃縮）
　　　大さじ4

つくり方

1　そうめんは表示通りゆでて流水で洗い、水けを切って器に盛り、大葉とみょうがをのせ、白いりごまを振る。

2　よく混ぜ合わせたAを添え、つけながらいただく。

※トマト缶は、加熱しなくても食べることができるので、カットしてあるダイス缶を使うと便利です。

フルーツ缶

おおよその賞味期限

常温で2年

開封後 冷蔵で2週間

フルーツ缶もぜひ加えて!

お歳暮やお見舞いでいただく、みかんや白桃の缶詰。季節や地域によって収穫ができないフルーツを一年中食べられるよう缶詰に加工。加糖分が多いのでカロリーが高く減少している栄養素もありますが、缶詰には保存料や防腐剤などが入っていないので安全です。保存性が高く、価格も抑えられているので経済的。

缶詰丸ごとみかんゼリー

材料(つくりやすい分量)
みかん缶　1缶(400g)
ゼラチン　5g

ローリングストック
Recipe

つくり方

1　缶詰を開き、みかんのシロップ大さじ4をボウルに取り分ける。

2　取り分けたシロップにゼラチンを振り入れてよく混ぜ、電子レンジ(600W)で50秒ほど加熱する。

3　缶詰に**2**を加えてよく混ぜ、ラップをかけて冷蔵庫で冷やす。

4　しっかり固まったら缶切りで底に穴をあけ、器に取り出す。

トーストに塗ってもおいしい

あずきを煮て、砂糖などを加えて甘みをつけたゆであずき。長期間保存ができ、災害時には甘いものも食べたくなるので、非常食としてもおすすめです。「こしあん」よりも、外皮が残っている「つぶあん」のほうが栄養価は高くなります。緑茶と一緒にいただくと、血糖値の上昇を抑えてくれますよ。

アボカドしるこ

ローリングストック
Recipe

材料（2人分）

餅　2個

アボカド　1個

A
- ゆであずき缶　1缶（200g）
- 水　150㎖
- 塩　ひとつまみ

つくり方

1　切り餅は半分に切ってトースターで焼く。アボカドは種と皮を取ってひと口大に切る。

2　鍋にAを入れて火にかけ、沸騰したら弱火にして、とろみが出るまで2～3分ほど煮る。

3　器に1と2を入れる。

果実のおいしさをパンに塗って！

ジャムとはフルーツなどを砂糖と一緒に煮詰めたもの。砂糖が水分を抱え込んでくれるので腐敗しにくく、長期保存が可能です。味わい深いコクや甘さがあり、パンやヨーグルト以外にも、紅茶に入れてロシアンティーやお肉料理のソースにも使えます。ちなみにジャムとは「ぎっしり詰め込む」という意味。

おおよその賞味期限　常温で1〜2年／開封後　冷蔵で2週間

◀▶ お役立ちメモ ◀▶

ホイップクリームを時短に！

生クリームを泡立てる時、砂糖の代わりにジャムを加えると、ジャムに含まれるペクチンの効果ですぐに固まります。手早くホイップクリームがつくりたい時に。いちごならピンク色に、ブルーベリーなら紫色になるので、カラフルなクリームを楽しみたい時にもおすすめです。

しょうが焼きの下味に！

豚のしょうが焼きには砂糖やみりんを使いますが、ジャムでもOK！　ジャムが持つ甘みと酸味が、アクセントを添えてくれます。醤油とマーマレードジャム各大さじ1、酒小さじ1、すりおろしたしょうが適量を混ぜて肉を漬け込み、あとは焼くだけ、と簡単です。

甘辛い味付けでごはんに合う

えのきたけを甘辛い味付けでじっくり煮込んだもの。ごはんや豆腐にのせてもよし、パスタや野菜を和えてもよし。えのきのしゃきしゃき食感で満足感も得られます。

おおよその賞味期限　常温で1年　／　開封後　冷蔵で1週間、冷凍で1か月

ついごはんが進んじゃう！

海苔を醤油や砂糖などで甘辛く味付けした佃煮で、とろりとした食感がごはんによく合います。磯の香り豊かなうまみと風味を活かして、料理の調味料としても使えるので便利。

おおよその賞味期限　常温で2年　／　開封後　冷蔵で2週間、冷凍で2か月

ごはんにもビールにも合う！

からし菜の一種。茎を干して塩漬けし、ごま油や香辛料で漬け込んだもの。豊かな香りとコリコリ食感が特徴。ごはんのおかずや前菜、料理の素材としても使えます。

おおよその賞味期限　常温で1年　／　開封後　冷蔵で2週間、冷凍で1か月

しっとりとした口あたり！

脂がのった鮭をじっくり焼き上げて身をほぐしたもの。しっとりとやわらかく、程よい塩加減なので、パスタやチャーハンなど、アレンジ次第でいろいろと楽しめる。

おおよその賞味期限　常温で1年　／　開封後　冷蔵で2週間、冷凍で1か月

ひき肉と野菜のうまみが凝縮！

レトルトのミートソースは、トマトの酸味が強いもの、肉や野菜がたっぷり入っているものなど味や具の量も様々。色々と試して好みのものを見つけておきましょう。パスタにかけるだけでなく、グラタンやスープなどにもアレンジ可能です。災害時は粉チーズを振ることで幸福感もアップしますよ。

ソースの違い

ミートソースとは？　ひき肉と香味野菜をじっくりと炒め、トマトの水煮とケチャップや砂糖などで煮込んだトマトベースのソース。アメリカ大陸に渡ったイタリア系移民たちが故郷の味を懐かしんでつくりはじめたもので、絡める麺はスパゲティを使います。

ボロネーゼソースとは？　正式名は「ラグー・アッラ・ボロネーゼ（イタリア語でボローニャ風の煮込みという意味）」。赤ワインでじっくり肉と野菜を煮込んでいるので、ソースというよりも肉そぼろに近い。タリアテッレという平たいリボン状の麺で食べます。

▶▶ お役立ちメモ ◀◀

お手頃なレトルトは
昆布茶でうまみアップ

お手頃価格のレトルトに、ちょっと味がものたりないと感じたら、昆布茶をちょい足ししてみて。昆布のうまみが凝縮されているので、料理のうまみをアップしてくれます。ミートソース以外にもレトルトのシチューやカレーにおすすめです。

ミートソースは
製氷皿で冷凍が便利

大量につくって残ったミートソースは、冷凍なら長期保存が可能です。製氷皿に流し入れ、蓋をして冷凍室へ。凍ったら製氷皿から外して冷凍用保存袋に入れておくと場所も取りません。お弁当やオムレツなど、少量使いたい時に便利。

お手軽ミネストローネ

材料（2人分）

キャベツ　⅛個

じゃがいも　1個

玉ねぎ　½個

オリーブオイル　小さじ1

パセリ（みじん切り）　適宜

A ┌ 水　300㎖
　├ ミートソース　1袋（260ｇ）
　└ 顆粒コンソメ　小さじ½

つくり方

1　野菜は1cm角に切る。

2　鍋にオリーブオイルを入れて中火にかけ、1を軽く炒める。

3　**A**を加え、沸騰したら弱めの中火にして、野菜が柔らかくなるまで7〜8分ほど煮る。

4　器に盛り、あればパセリを飾る。

あさりのうまみがたっぷり!!

にんにくの香りとオイルのコク、そして濃厚なあさりのうまみがたっぷり詰まったボンゴレパスタソース。ゆでたパスタをそのまま和えるだけで、レストランで食べる味を再現できます。炊き込みごはんや野菜スープの調味料として活用できるので、ストックしてあれば様々な料理にアレンジできます。

レンジでアクアパッツア

材料（2人分）
白身魚の切り身
　（鯛やたらなど）　2枚
ズッキーニ　1本
ミニトマト　6個
ボンゴレパスタソース
　1袋（120g）

つくり方
1　白身魚は半分に切り、ズッキーニは薄い輪切り、ミニトマトはヘタを取る。
2　耐熱皿に1を並べ、ボンゴレパスタソースをまわしかける。
3　ふんわりとラップをかけ、電子レンジ（600W）で6〜7分ほど加熱する。
※あれば付属のトッピングを散らしても!

ローリングストック
Recipe

ゆでたパスタを和えるだけ！

ゆでたパスタをそのまま和えるだけ。たらこたっぷりでうまみもぎっしり詰まった、和風のパスタソース。ゆでたアスパラやキャベツ、きのこなどを加えてもおいしいですよ。うどんやとろろと混ぜてみたり、ピザソースにしたりと幅広いアレンジが可能です。ピリ辛なからし明太子ソースもおすすめ。

▶️ お役立ちメモ ◀️

少量余ったら
ディップソースに！

パスタを全量のソースで和えるとちょっぴり塩辛いという人は、わざとソースを少量余らせて！ 余らせたソースとマヨネーズ適量を混ぜれば、ディップに変身します。生野菜や温野菜の他、フライドポテトに添えたり、冷奴にかけたりしてもおいしいですよ。

炊飯器でつくる
ピラフもおいしい！

たらこパスタソースを使ったお手軽ピラフのつくり方。米1合は洗って炊飯器に入れ、目盛の2mm下まで水を注ぐ。たらこパスタソース1袋（1人分）を加えて混ぜ、冷凍ミックスベジタブル80gをのせ炊く。炊き上がったら混ぜて器に盛り、付属の刻み海苔を飾れば2人分のピラフが完成です。

おいしいカレーが手軽に食べられる！

手軽に食べられるレトルトカレーは、忙しい人やひとり暮らしの強い味方。定番の欧風カレーから、ひき肉がたっぷり入ったキーマカレー、本格的なタイカレーやインドカレーなどもあり、種類も豊富。ドリアやグラタンへのアレンジだけでなく、餃子の皮で揚げパンなど、新しいメニューにも大変身しますよ！

おおよその賞味期限 常温で1年 ／ 開封後 その日のうちに使い切る

カレーのフレンチトースト風

材料（2人分）
カレー（レトルト）　1袋
スライスチーズ　2枚
食パン（6枚切り）　4枚
バター　20g
A ⌈ 卵　2個
　 ⌊ 牛乳　80ml

ローリングストック
Recipe

つくり方

1　食パンにカレーとスライスチーズをのせてサンドする。

2　バットに**A**を入れてよく混ぜ、**1**を加えて両面浸す。

3　フライパンにバターを入れ中火で熱し、**2**を入れて焼き色がつくまで両面焼く。

4　半分に切って、器に盛る。

麺やごはんにかける「パスタソース」や
「カレー」以外にも、メインおかずとし
て食べられる「ぶり大根」や「ビーフシ
チュー」、野菜を中心とした「切り干し
大根煮」や「さつまいも煮」「煮豆」など
の副菜もローリングストックにおすす
めです。長期保存食としてつくられた
レトルトなら常温保存が可能。チルド
商品は賞味期限が1か月程度と短く要
冷蔵となりますが、加熱しなくてもそ
のまま食べられ、不足しがちなたんぱ
く質やビタミンなどを補ってくれるの
で便利です。

「お惣菜」

01

とうもろこしのまろやかなコクが味わえる！

お湯を注ぐだけで、とうもろこしの風味と甘みが味わえる粉末のクリームスープの素。お湯の代わりにホットミルクを注ぐと、コクや濃厚さが増すのでさらにおいしくなります。コーンクリームスープ以外にも、きのこやほうれん草、トマト風味のスープもあるので、気分に合わせて楽しめます。

おおよその賞味期限　常温で1年／開封後　その日のうちに使い切る

パンでコーンクリームグラタン

材料（1人分）
食パン（6枚切り）　1枚
ソーセージ　2本
ブロッコリー　¼株
牛乳　150㎖
コーンクリームスープの素
　1袋
ピザ用チーズ　30g

つくり方
1　食パンはひと口大、ソーセージは斜め半分に切る。ブロッコリーは小房に分け、耐熱皿に入れてラップをかけ、電子レンジ（600W）で1分加熱する。
2　鍋で牛乳を温め、コーンクリームスープの素を加えよく混ぜる。
3　耐熱皿に1を並べて2を注ぎ、ピザ用チーズをのせ、トースター（1000W）で、焼き色がつくまで加熱する。

ローリングストック
Recipe

災害時こそすぐ飲める味噌汁を！

お湯を注ぐだけですぐに飲める、便利な即席味噌汁。非常時ほど、なじみのある味に心が安らぐので、備蓄にもおすすめです。味噌は胃腸の働きも活発にしてくれます。

おおよその賞味期限　常温で1年　／　開封後　その日のうちに使い切る

スープ以外にもアレンジ可能！

卵スープ以外にも、卵とじや茶碗蒸しなどが簡単につくれるので便利です。卵スープの素を少量のお湯で溶いてごはんと炒めれば、チャーハンにもなります。

おおよその賞味期限　常温で1年　／　開封後　その日のうちに使い切る

カロリーを気にせずお腹が満たせる

わかめにはカルシウムや鉄、食物繊維などの栄養素が含まれているので、非常食としても用意しておきたいスープのひとつ。低カロリーなのでダイエット中にも◎。

おおよその賞味期限　常温で1年　／　開封後　その日のうちに使い切る

お湯を注げばお吸い物にも！

お茶漬けの素1袋にお湯300mlを注ぐと、お吸い物になります。豆腐や練り物、温泉卵、お湯で戻す春雨、焼いた餅などを加えると、食べ応えもアップしますよ！

おおよその賞味期限　常温で2年　／　開封後　その日のうちに使い切る

味噌

栄養豊富な大豆発酵食品！

大豆や米、麦などの穀物を塩などで発酵させているので、栄養豊富でうまみや塩けがあります。だし入りタイプなら、災害時でも手軽にお味噌汁がつくれます。

▶◀ おいしいアイデア ▶◀

はちみつと混ぜてディップに

味噌大さじ2とはちみつ大さじ1を混ぜて、万能ソースに！ 野菜スティックやゆで野菜のディップとして添えたり、こんにゃくや焼いた厚揚げにつけていただいたり。冷蔵で1か月保存が可能です。

おおよその賞味期限　常温で6か月 ／ 開封後　冷蔵で3か月、冷凍で1年

醤油

日本を代表する万能調味料!!

和・洋・中などの幅広い料理に合う万能調味料。発酵により生まれた深いうまみとまろやかな甘みで、ちょっとかけるだけで醤油のおいしさに癒されます。

▶◀ おいしいアイデア ▶◀

餃子の皮で醤油せんべい

餃子の皮に醤油を薄く塗り、電子レンジ（600W）で40秒から1分ほどチンするだけで、パリパリの醤油せんべいに。醤油の上にグラニュー糖をかければ、ザラメ風味になるので、餃子の皮が余った時に試してみて。

おおよその賞味期限　常温で1年 ／ 開封後　冷蔵で2か月

さわやかな酸味で料理がさっぱり！

疲労回復効果があり、料理の味を上手に引き立ててくれるので、塩分を控えた料理をつくりたい時におすすめです。煮込み料理に加えるとコクと甘みが増します。

▶◀ おいしいアイデア ▶◀

酢キャベツに

保存容器にせん切りキャベツ300gと酢100ml、塩小さじ½を入れ、冷蔵室で2〜3日保存すれば酢キャベツに。サラダやサンドイッチの他、油っぽさを和らげてくれるので餃子に添えてもおいしい。

おおよその賞味期限 常温で2年 ／ 開封後 常温で6か月、冷蔵で1年

どんな和食にも使える！

かつおだしと醤油、みりん、砂糖をベースにつくられた調味料。うどんやそばなどの麺料理全般のつゆに使える他、和食の合わせ調味料としても活躍します。

▶◀ おいしいアイデア ▶◀

おにぎりに

ボウルにごはん1合と天かす大さじ2〜3、めんつゆ（3倍濃縮）大さじ1、万能ねぎ適量を加えてよく混ぜ、おにぎりにします。食べたら止まらない悪魔のおにぎりの完成です。お弁当のマンネリ防止にも！

おおよその賞味期限 常温で1年 ／ 開封後 ストレート 冷蔵で3日 ／ 3倍濃縮タイプ 冷蔵で1か月

マヨネーズ

子供から大人まで大好き！

卵黄、植物油、酢、塩だけでつくられた保存料不使用の調味料。酸味と甘みのバランスがよく、そのままつけて食べるのはもちろん、炒め油としても使えます。

おおよその賞味期限　常温で1年　／　開封後　冷蔵で1〜2か月

トマトケチャップ

洋食メニューで大活躍！

パスタや卵料理などの洋風メニューには欠かせないケチャップ。加工用に作られたトマトはリコピンが生食用の2〜3倍で、熱にも強いので、トマトの栄養たっぷりです。

おおよその賞味期限　常温で1年半　／　開封後　冷蔵で1〜2か月

ソース

自然のうまみがたっぷり！

野菜や果物を煮込み、お酢や数種類のスパイスを加えてつくられているので、自然のうまみがたっぷり詰まっています。無添加でノンオイル、塩分も控えめです。

おおよその賞味期限　常温で1年　／　開封後　ウスター 冷蔵で3か月　中濃・とんかつ 冷蔵で2か月

焼肉のたれ

お肉料理がおいしくなる！

醤油をベースに香味野菜や香辛料、フルーツの甘みがバランスよく配合された調味料。コチュジャン味、塩だれなど種類も豊富で、コクがあるので隠し味にも使えます。

おおよその賞味期限　常温で1年　／　開封後　冷蔵で2〜3週間

さっぱりとした味付けに!

柚子やすだち、かぼすなどの柑橘系の果汁に、醤油や酢、ダシなどを合わせたもの。さわやかな香りと酸味が、料理をさっぱりとした味付けに変えてくれます。

おおよその賞味期限　常温で1年　／　開封後　冷蔵で3～4か月

ポン酢

これ1本で酢めしが簡単!

お酢、砂糖、塩などを合わせた調味料。すっきりとした酸味の中に甘みやコクがあります。酢飯だけでなく、酢の物やマリネ、炒め物などにも使えるので便利です。

おおよその賞味期限　常温で1年　／　開封後　常温で3～4か月、冷蔵で6～8か月

すし酢

オリーブ果実の新鮮な香り!

オリーブの果実を圧搾した植物油。ポリフェノールやビタミンEなどが豊富で、ヨーグルトやそばつゆなど、いつもの料理にちょい足しすれば風味がアップします。

おおよその賞味期限　常温で1～2年　／　開封後　常温で2～3か月

オリーブオイル

香ばしいごまの香り!

ごまを焙煎して絞った油で、中華や韓国料理には欠かせません。熱に弱いので、炒め物をする際は仕上げにちょい足しすると、香ばしいごまの香りが楽しめます。

おおよその賞味期限　常温で2年　／　開封後　常温で2～3か月

ごま油

砂糖

料理に甘みやコクをプラス！

料理に甘みやコクをプラスしてくれる砂糖は、ブドウ糖が多く含まれているので、脳のエネルギー源に。適度に摂取することで脳が元気になりますよ。

おおよその賞味期限　なし　／　開封後（常温保存）　期限なし

塩

料理にも体にも必要不可欠！

塩化ナトリウムを主な成分とし、料理にも体にも必要不可欠な調味料。味を調えておいしさを決めるだけでなく、脱水作用で食材の臭みを取り保存性も高めてくれます。

おおよその賞味期限　なし　／　開封後（常温保存）　期限なし

胡椒

ピリッとした刺激！

肉・魚のにおい消しや味の引き締めに使えば、ピリッとした刺激とさわやかな香りがプラスされます。白胡椒よりも黒胡椒のほうが、強い香りと辛みがあります。

おおよその賞味期限　常温で3年　／　開封後　常温・冷蔵で記載の賞味期限内

七味唐辛子

赤い色が食欲をそそる!!

唐辛子を乾燥させて粉末にしたものに、ごまなどの7種の原料を混ぜ合わせたもの。「一味」は辛くしたい時、「七味」は風味や香りをよくしたい時に使うといいでしょう。

おおよその賞味期限　常温で3年　／　開封後　　一味　冷蔵で1年　　七味　冷蔵で6か月

薬味や風味づけに！

さわやかな香りと辛みで、薬味や風味づけに。殺菌効果や臭み消しにも効果を発揮してくれます。チューブタイプなら、すりおろす手間もなく手軽に使えます。

おおよその賞味期限　常温で1年　／　開封後　冷蔵で2か月

おろししょうが

スタミナ食材の代表！

にんにくのうまさと風味を加えたい料理に。チューブタイプなら、すりおろす手間もなく、にんにくのフレッシュな香りが気軽に楽しめます。

おおよその賞味期限　常温で1年　／　開封後　冷蔵で3か月

おろしにんにく

人気のミックススパイス！

数十種類のスパイスがミックスされているので、カレーのスパイシーな風味が、家庭で気軽に楽しめます。カレー粉には塩けはなく、加熱しなくても食べられます。

おおよその賞味期限　常温で2年　／　開封後　常温・冷蔵で記載の賞味期限内

カレー粉

料理にコクをプラスする！

パルメザンチーズを乾燥させて粉末にしたもの。料理の味に変化をつけ、おいしさが増します。災害時は、パスタにかけるだけで幸福感がアップするはずです。

おおよその賞味期限　常温で6か月　／　開封後　常温で2か月、冷凍で3か月

粉チーズ

カレーがすぐにつくれる!

これさえあれば、家庭でカレーライスが手軽につくれます。種類によって辛さ、香り、コク、深みが違います。細かく刻んで料理に加えれば、カレー風味になります。

おおよその賞味期限 　常温で1年　／　開封後　常温で2か月

朝ごはんやお弁当に便利!

のりたま、おかか、たらこ、すきやきなど、味のバリエーションが豊富なふりかけ。白いごはんやパスタにかけるだけでなく、サラダやトーストにトッピングしても!

おおよその賞味期限 　常温で1年　／　開封後　冷蔵で2週間

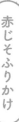

さわやかな香りをプラス!

梅干しと一緒に漬けた赤じそを乾燥させて調味し、ふりかけにしたもの。鮮やかな色とさわやかな香り、バランスのよい塩けがごはんに合います。調味料としても活躍!

おおよその賞味期限 　常温で1年　／　開封後　常温で2か月

これひとつで味付けもOK!

せん切りにした昆布に醤油の風味、砂糖の甘み、塩味をバランスよく合わせた加工食品。まろやかな味わいとうまみが人気。これひとつで簡単に料理の味付けができます。

おおよその賞味期限 　常温で6か月　／　開封後　常温で2か月

こんなものも
おすすめ！

常温で保存ができて、水で戻すだけの乾物はお役立ちの食材。栄養価が高く、食べ応えのある「高野豆腐」。大きなものは水で戻す時間が長くかかりますが、小さくカットされているものなら戻す時間も短く、気軽にスープや味噌汁に使えます。煮たり炒めたりする必要もなく、水で戻したら調味料で和えるだけで食べられる「切り干し大根」や「カットわかめ」「海藻ミックス」なども便利。加えるだけで風味がアップする「かつお節」「桜えび」「青海苔」「とろろ昆布」もおすすめです。

「乾物」

02

おいしい甘さに幸せを感じます

賞味期限が長く、糖分がエネルギー補給にもなるチョコレート。気持ちを落ち着かせ、心身をリラックスさせる効果もあります。夏場は溶けやすいのですが、マーブルチョコレートのように、チョコレートの周りが溶けにくいようにコーティングされているものなら、夏場の買い置きや災害時にも重宝します。

おおよその賞味期限 常温で1年 / 開封後 常温・冷蔵で1〜2か月

▶◀ お役立ちメモ ▶◀

チョコペンは
災害時にも便利!

チョコペンとは、ペン状になっているチョコレートのこと。ソフトタイプのチョコペンなら湯煎が必要ないので、先端の部分をハサミで切るとチョコが出てきます。クッキーに文字や絵を描いてお子さんとも一緒に楽しめるので、災害時のストレスも和らぎますよ。

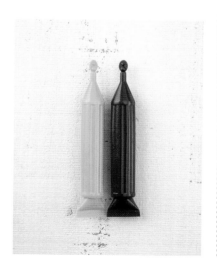

削りチョコは
ピーラーで簡単に!

スイーツやパンケーキ、ドリンクなどに削ったチョコレートを飾ると華やかになります。手軽に板チョコを削るなら、包丁ではなくピーラーやスライサーが便利。あらかじめ冷蔵庫でチョコレートを冷やしておくと、固くなるので、スムーズに削ることができます。ぜひお試しを!

食物繊維が豊富な天然のサプリメント！

ビタミンCは失われているものの、食物繊維やミネラルなどの栄養が凝縮。水分の少ないチップス系やアプリコットやイチジク、マンゴーなどは、比較的賞味期限が長いので、いつでもどこでも手軽につまめる最強のおやつ。ドライフルーツもローリングストックにぜひ加えてみてください。

▶◀ お役立ちメモ ▶◀

マンゴーのおいしい
ヨーグルト漬け！

ドライマンゴー5〜6枚をひと口大に切ってプレーンヨーグルト1パック（400g）に入れ、冷蔵庫で一晩漬けてみて。ヨーグルトの水分を吸ってマンゴーのフレッシュ感が戻るので、驚くほどしっとり＆やわらか。ヨーグルトは水分が減るので濃厚になります。

フルーティーな
紅茶はいかが？

紅茶にドライフルーツを加えると、フルーツの香りと甘みが広がるフルーティーなホットティーが楽しめます。ドライフルーツは、アールグレイやダージリンなどの渋みが少なくてさわやかな口あたりの紅茶と相性抜群。色々と組み合わせて、オリジナルの味を楽しんで！

懐かしさを覚えるやさしい味わい

さつまいもを蒸して乾燥させてあるので、食物繊維やビタミンなどの栄養価が高い干しいも。そのまま食べられて保存がきき、高カロリーで腹持ちもいい。

▶▶ おいしいアイデア ▶▶

固くなったらバター炒めに!

固くなってしまった干しいも。バター炒めにすると外がカリっと香ばしく、中もやわらかさが戻るので、おいしく食べられますよ。1cm幅に切ってバターで炒めて塩を振るか、メープルシロップをかけて!

おおよその賞味期限　常温で10か月　／　開封後　冷蔵で2週間、冷凍で6か月

濃厚な甘みが日本茶に合う!

手軽にカロリーが補給できるようかん。災害時には切り分けが手間になるので、フィルムを引っ張るだけで手軽に食べられるミニサイズがおすすめです。

▶▶ おいしいアイデア ▶▶

ひんやり冷凍ようかん

冷凍したようかんを凍ったまま食べると、夏にぴったりのひんやりデザートになります。特においしいのが水ようかん。半解凍で食べると、プルンとした食感がやみつきに!!

おおよその賞味期限　常温で1年　／　開封後　冷蔵で2〜3日、冷凍で1か月

食べた分を補充すればOK!

じゃがいもやコーン、小麦からできているので、いざという時のエネルギー源に! 家族の好きなスナック菓子があれば、非常時でもストレスが軽減します。

◄◄ おいしいアイデア ►►

ひんやり食感のポテトチップス!

ポテトチップスは冷凍して食べるとひんやりとしておいしいですよ。油脂の酸化を抑え、しけらずにサクサク感をキープしてくれます。庫内のにおいを吸収しやすいので、冷凍用保存袋に移し替えて冷凍を!

おおよその賞味期限　常温で6か月　/　開封後　冷蔵で3〜4日

停電しなければアイスも非常食に!!

アイスは劣化しにくいので賞味期限がありません。食欲がない時や気持ちが不安定な時でも、甘いアイスを食べれば元気が出るのでおすすめです。

◄◄ おいしいアイデア ►►

バニラアイスにちょい足し

そのまま食べてもおいしいバニラアイスですが、いつもと違った風味を楽しみたいなら調味料のちょい足しがおすすめ。ごま油やオリーブオイル、塩、わさび、豆板醤、塩麹などがおすすめです。

おおよその賞味期限　なし　/　開封後　早めに食べる

栄養豊富で美活にも最適！

ナッツ

栄養豊富で保存期間も長いナッツ類は、適度な硬さがあるので非常時のおやつに最適。素朴な味が楽しめる食塩不使用のミックスナッツがおすすめです。

おおよその賞味期限　常温で6か月　／　開封後　常温・冷蔵で2か月

甘酸っぱさがクセになる！

干し梅

干し梅には疲労回復効果のあるクエン酸が含まれているので、疲れた体におすすめ。不足しがちなカルシウムの吸収も補ってくれます。

おおよその賞味期限　常温で6か月　／　開封後　常温で2〜3週間

ソフトタイプがおすすめ！

クッキー・ビスケット

甘いクッキーやビスケットには、ストレスを軽減する効果があります。ソフトタイプなら喉も乾きにくい。湿気にくい個包装や食べ切りサイズがおすすめ。

おおよその賞味期限　常温で6か月　／　開封後　常温で2〜3日

幅広い世代から愛されている！

おせんべい

お米からつくられているおせんべいは、調理せずにそのまま食べられる貴重な炭水化物。いざという時の空腹を和らげてくれるので、非常食としても◎。

おおよその賞味期限　常温で6か月　／　開封後　常温で4〜5日

なめればストレスの軽減に！

食欲がない時でも手軽に糖分が取れる飴は、非常食としても役立ちます。飴をなめると緊張がほぐれ、ストレスの軽減につながります。

おおよその賞味期限　常温で1年　／　開封後　なるべく早めに食べる

噛むことでストレス解消に

ガムは劣化しにくい食品なので、賞味期限はありません（一部、特定保健用食品に指定されているものを除く）。空腹を和らげ、口をゆすげないときにも噛めばスッキリさせてくれますよ。

ガム

おおよその賞味期限　なし（一部、特定保健用食品に指定されているものを除く）

忙しい時のバランス栄養食！

「カロリーメイト」や「クリーム玄米ブラン」「ソイジョイ」など、栄養補助食品には様々な商品があり、噛み応えもあるので満足感も得られます。

栄養補助食品

おおよその賞味期限　常温で6か月　／　開封後　冷蔵で2〜3日

のどの渇きも癒してくれる！

ゼリー状なので食欲がなくてもするすると飲め、手軽に栄養補給を行うことができます。のどの渇きも癒してくれるので、かなり優秀な非常食です。

ゼリー飲料

おおよその賞味期限　常温で8か月　／　開封後　その日のうちに飲み切る

お弁当づくりの時間短縮に!

揚げる手間がないので、毎日のお弁当づくりや忙しい日の晩ごはんに使っている人も多いのではないでしょうか? 自然解凍で食べられるものや、衣がしっかりついた竜田揚げ、甘辛なたれ味など、バリエーションも豊富。ストックしておけば、南蛮漬けや卵とじにもアレンジ可能です。

冷凍から揚げ

おおよその賞味期限

冷凍で2〜3か月

開封後 2週間以内に食べる

から揚げのカラフルマリネ

材料（2人分）
冷凍から揚げ　6個
パプリカ（赤・黄）　各¼個
玉ねぎ　¼個
きゅうり　½本
A ┌ すし酢　大さじ3
　├ オリーブオイル
　└　大さじ1

つくり方
1　冷凍から揚げは表示通り解凍する。
2　パプリカはヘタと種を取って薄切り、玉ねぎは薄切りにして5分ほど水にさらす。きゅうりは縦半分に切ってから斜め薄切りにする。
3　ボウルに1と2、Aを入れて混ぜ合わせ、冷蔵庫で10分ほど置く。

ローリングストック
Recipe

食卓のおかずからお弁当まで幅広く活躍！

ぷりぷりとしたえびの食感が楽しめる、冷凍のえび焼売。えびがトッピングされているので彩り鮮やか、冷めてもふんわりとやわらかなので、お弁当にもよく合います。豚肉のうまみや肉汁がジュワッと口の中で広がる、肉焼売もおすすめ。どちらもトレーが切り離しできるので、使いやすくて便利です。

えび焼売のさくさくフライ

ローリングストック
Recipe

材料（つくりやすい分量）
冷凍焼売
　　1袋（12個）
パン粉　適量
レタス　適量
ウスターソース　適宜
A ┌ 卵　1個
　├ 小麦粉　大さじ3
　└ 水　大さじ1
揚げ油　適量

つくり方
1　よく混ぜたAに冷凍焼売をくぐらせ、パン粉をまぶす。
2　180℃の油できつね色になるまで3分ほど揚げる。
3　器にレタスと2を盛り、お好みでウスターソースをかける。

料理がカラフルに仕上がります！

人参やコーン、グリーンピースなどのカラフルな野菜を、食べやすく小ぶりにカットして冷凍したもの。バラバラに凍結されているから必要な分だけ取り出せるので、野菜を切る時間がない時や料理に彩りを添えたい時にとっても便利です。野菜の甘みや栄養素もキープされている優れものです。

ミックス野菜の種類

洋風ミックス　ブロッコリーやカリフラワー、人参などの数種類の野菜を使いやすいサイズにカットして冷凍したもの。必要な分だけ取り出せるので便利。凍ったまま煮込み料理や炒め物にするほか、カラフルな野菜なので付け合わせなどに。

和風ミックス　さといもや人参、れんこん、たけのこ、ごぼうなどの下ごしらえに手間のかかる野菜中心に使いやすいサイズにカットして冷凍したもの。湯通ししてから冷凍してあるので、火の通りが早く時短調理が可能。煮物やカレーなどに！

▶▶ お役立ちメモ ◀◀

こぼれやすいから
保存はペットボトルで
使いかけのミックスベジタブルは、小ぶりにカットしてあるのでペットボトルの空き容器に入れて保存するのがおすすめ。取り出しやすく、中身や残量がひと目で分かるので、庫内で迷子になることもありません。こぼれにくいから掃除もラク。

自家製ミックスベジも
超おすすめです！
わざわざ市販のミックスベジタブルを購入しなくても、冷蔵庫に余っている野菜を小ぶりにカットして冷凍しておけば、自家製の冷凍ミックスベジタブルの完成。細かく刻むだけなので簡単。火の通りも早いし、ゆでなくても生のまま冷凍できます。

レンジでドライカレー

材料（2人分）

合いびき肉　150g
冷凍ミックスベジタブル　60g
ごはん　茶碗2杯分
温泉卵　2個
パセリ（みじん切り）　適宜

A
- ケチャップ　大さじ2
- カレー粉　小さじ⅔
- 中濃ソース・醤油
　　各小さじ½
- 顆粒コンソメスープの素
　　小さじ⅓

つくり方

1　耐熱ボウルに合いびき肉と冷凍ミックスベジタブル、**A**を入れてよく混ぜる。

2　ふんわりとラップをかけ、電子レンジで4分加熱する。取り出してひと混ぜし、ラップを戻しかけ、もう1分加熱する。

3　器にごはんを盛り、**2**と温泉卵をのせ、あればパセリを散らす。

野菜や栄養不足の解消に！

旬の時期に収穫＆急速冷凍をして、おいしさや栄養価が損なわれないようにしてあるので、野菜不足や栄養不足の解消になります。

▶▶ お役立ちメモ ▶▶

調理の最後に加えましょう

冷凍ほうれん草は8割程度加熱処理してあるので、調理の最後に加えるのがおいしくいただくポイントに。アクを気にせずにそのまま調理できるから、日々の食事づくりにも重宝しますよ。

おおよその賞味期限　冷凍で2〜3か月　／　開封後　2週間以内に食べる

冷凍ほうれん草

ちょっとだけ加えたい時にも◎

緑色が鮮やか。旬の時期に収穫＆急速冷凍をして、おいしさや栄養価が損なわれないようにしてあります。凍ったまま調理に使えるので日常使いに便利。

▶▶ お役立ちメモ ▶▶

逆さレンチンが正解です

冷凍ブロッコリーの解凍は、逆さレンチンが正解。ペーパーを敷いた耐熱皿につぼみを下にして置き、ラップをかけずに加熱しましょう。つぼみの水分がしっかり流れ出るので、仕上がりが水っぽくなりません。

おおよその賞味期限　冷凍で2〜3か月　／　開封後　2週間以内に食べる

冷凍ブロッコリー

かぼちゃは皮も実も栄養豊富！

下処理が面倒なかぼちゃですが、切る手間がなく使いたい分だけ取り出せて便利。皮にも栄養が含まれているので食べましょう。

▶▶ お役立ちメモ ◀◀

開封したらダブルパッキングが基本
冷凍かぼちゃに限らず、開封した冷凍食品は袋をクリップで留め、冷凍用保存袋に入れてダブルパッキングをしましょう。庫内の臭いを吸収せず、冷凍焼けも防げるので、解凍後もおいしく食べられますよ。

おおよその賞味期限 冷凍で2〜3か月 / 開封後 2週間以内に食べる

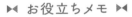

実は使い勝手のいい野菜です

揚げて急速冷凍してあるので皮の紫色も鮮やかで、風味もキープ。火の通りが早く、揚げてあるので煮込み時間が長くても崩れにくいのが特徴です。

▶▶ お役立ちメモ ◀◀

つけつゆの氷代わりに！
マーボー茄子や茄子のおろし和えなどが手早くつくれるので、ストックしてあると便利な冷凍茄子。加熱しなくても、揚げてあるので自然解凍でも食べられます。そうめんのつけつゆに加えれば具材＆氷代わりに！

おおよその賞味期限 冷凍で2〜3か月 / 開封後 2週間以内に食べる

軽食や夜食に超便利です！

醤油の香ばしい風味と、独特の食感がやみつきになる冷凍の焼きおにぎり。自宅でつくると手間がかかりますが、冷凍食品ならレンジでチンするだけなので手軽に食べられます。小腹が空いた時の軽食や夜食にもおすすめ。トレーに立ててレンジでチンできるから、加熱ムラも防いでくれますよ。

おおよその賞味期限　冷凍で2〜3か月／開封後　2週間以内に食べる

焼きおにぎりのピザ

材料（1人分）
冷凍焼きおにぎり（大）
　1個
ソーセージ　1本
ピーマン　½個
コーン缶　大さじ1
ケチャップ　適量
ピザ用チーズ　適量

つくり方
1　冷凍焼きおにぎりは、袋の表示よりも30秒ほど短くレンジ加熱し、厚みを半分に切る。
2　ソーセージとピーマンは薄い輪切り、コーンは缶汁を切る。
3　1にケチャップを塗り、2とチーズをのせ、トースター（1000W）で表面に焼き色がつくまで5分ほど加熱する。

ローリングストック
Recipe

味も本格的でおいしい！

レンチン加熱やフライパンで炒めるだけで、中華料理店の味になる冷凍チャーハン。コスパもよく、味も本格的でおいしいと評判です。

▶◀ お役立ちメモ ▶◀

レモンのちょい足しでさっぱり

チャーシューやえび、かまぼこなど、具材の種類も豊富な冷凍チャーハン。味が濃いめなので、レモンを絞るとさわやかな風味が加わっておいしいですよ！ 油っぽさが消え、さっぱりといただけます。

おおよその賞味期限 冷凍で2〜3か月 ／ 開封後 2週間以内に食べる

コシの強さともちもち感！

強いコシともちもちの弾力、そしてなめらかな食感の冷凍うどん。スーパーやコンビニで手軽に購入ができ、価格もリーズナブルなのがうれしい。

▶◀ お役立ちメモ ▶◀

スイーツにも変身します

定番の食べ方から、洋風や中華などの幅広いアレンジが楽しめる冷凍うどんですが、白玉代わりに使ってあんみつにしてもおいしいですよ。解凍して器に盛り、あんこ・きなこ・黒みつをかければ完成です。

おおよその賞味期限 冷凍で2〜3か月 ／ 開封後 2週間以内に食べる

こんなものも
おすすめ！

「その他」

栄養価が高く、ゆでたり、焼いたり、和えたりと、バラエティに富んだ料理が楽しめる卵。賞味期限が切れても加熱調理をすればおいしく食べられます。冷蔵保存が必要と思われていますが、冬なら2か月、夏なら2週間ほど常温保存が可能です。要冷蔵にはなりますが、ハムやちくわなどの加工食品も、そのまま食べたり、炒め物に使えたりと大活躍。常温でも日持ちしやすい野菜（じゃがいも、玉ねぎ、人参）や果物（りんご、バナナ、みかん）もローリングストックにおすすめです。

03

もしもの時に役立つ

防災クッキング

ポリ袋を使った調理は、
必要最低限の水で調理が
できるので災害時におすすめ。
ローリングストックしている缶詰や調味料、
冷蔵庫に入っている食材を組み合わせて、
ポリ袋調理に挑戦してみてください。
もしもの時に役立ちます。

もしもの時に役立つ
ポリ袋を使った防災クッキング

ポリ袋調理3つのメリット

ポリ袋に入れるだけなので手間なし！

火を使わないレシピなら、すべての材料をポリ袋に入れて味をなじませ、しばらく待つだけ。火を使うレシピでも、鍋で加熱するだけなのでとにかく簡単。温かいものが食べられるのもうれしい。

1

ひとつの鍋で複数の料理が作れる！

主菜や副菜、ごはんなど、ポリ袋調理なら複数の料理をひとつの鍋で同時につくることが可能です。鍋のお湯が汚れないので使いまわしもOK。ガスは最小限しか使いません。

2

洗い物が減らせるのでうれしい！

ボウルや鍋などの調理道具を汚さないので、洗い物が減らせます。皿にもポリ袋やラップをかぶせれば、使い終わったら捨てるだけなので後片付けがラク。災害時に貴重な水をムダにしません。

3

☐ ポリ袋

高密度ポリエチレン製で湯煎可能な袋を選びましょう！

Check!

高密度ポリエチレン （耐熱温度 90〜110℃）	
低密度ポリエチレン （耐熱温度 70〜90℃）	✕
塩化ビニール樹脂のビニール袋 （耐熱温度 60〜80℃）	✕

☐ カセットコンロ

☐ ガスボンベ

☐ 鍋

☐ 水

☐ 耐熱皿

☐ ラップ

☐ キッチンバサミやピーラー

☐ トングや菜箸

☐ 計量カップやスプーン（はかり）

ポリ袋調理の基本手順

1枚のポリ袋に入れる適量は1〜2人分。
それ以上は火が通りにくくなるので、小分けにして袋の数を増やしましょう。

❶ 具材を入れ混ぜる

ポリ袋の中に具材と調味料を入れる。

味がなじむように、ポリ袋の上から具材を
混ぜ合わせる。

❷ 空気を抜く

鍋に水を入れ水圧を利用して水の中でポリ
袋の中の空気を抜く。

袋をねじりあげ、袋の口をかたく結ぶ。

❸ 加熱する

水が入った鍋の底に耐熱皿を敷く。
（熱で袋が破れてしまうので、直接鍋底に触れない
ようにするため）

⬇

皿の上にポリ袋を置く。

⬇

ポリ袋の口まで鍋の中におさめ、蓋をして
加熱する。

❹ 取り出す

ゆで上がったら、トングや菜箸ですくい上
げる。

⬇

キッチンバサミで結び目の下を切る。

完成は次のページで！ ➡

主菜

さば缶ともやしの味噌煮

材料（2人分）
もやし　1袋（200g）
さばの味噌煮缶　1缶
七味唐辛子　適宜

つくり方
1　ポリ袋にもやしとさばの味噌煮を缶汁ごと加えて混ぜ、空気を抜いて袋の口を縛る。
2　水を入れて耐熱皿を敷いた鍋に1を入れ、蓋をして火をつける。
3　沸騰したら弱めの中火にして10分加熱する。
4　火を止め、そのまま5分ほど蒸らす。
5　器に盛り、お好みで七味唐辛子を振る。

―Point

袋を広げて器にかぶせれば、皿が汚れないので洗い物が減らせます。

やきとり缶で親子煮

材料（2人分）
やきとり缶（タレ味）
　1缶（85g）
卵　1個
七味唐辛子　適宜

つくり方
1　ポリ袋にやきとり缶をたれごと加える。
2　空いた缶に卵を割り入れ、箸でほぐして1に加えて混ぜ、空気を抜いて袋の口を縛る。
3　水を入れて耐熱皿を敷いた鍋に2を入れ、蓋をして火をつける。
4　沸騰したら弱めの中火にして5分加熱し、火を止め、そのまま5分ほど蒸らす。
5　器に盛り、お好みで七味唐辛子を振る。

—Point

やきとり缶で卵を混ぜれば、缶に残ったたれもムダなく加えられます。

主菜

とろ〜りチーズの豚キムチ

材料（2人分）

豚バラ薄切り肉
　　200g

万能ねぎ　2本

キムチ　100g

ピザ用チーズ　30g

A ［ オイスターソース
　　　大さじ½
　　ごま油　大さじ½

つくり方

1　豚肉はキッチンバサミでひと口大に切り、ポリ袋に入れる。Aを加えてよくもみ、キムチとキッチンバサミで3cm長さに切った万能ねぎを加えて混ぜ、空気を抜いて袋の口を縛る。

2　水を入れて耐熱皿を敷いた鍋に1を入れ、蓋をして火をつける。

3　沸騰したら弱めの中火にして10分加熱し、火を止めてそのまま5分ほど蒸らす。

4　器に盛り、チーズを加えてひと混ぜする。

—Point

トレーの上で豚肉を切れば、包丁＆まな板いらず。

鶏肉とキャベツの塩麹煮

材料（2人分）

鶏むね肉　1枚

キャベツ

　100g（2〜3枚）

白いりごま　適宜

A ┌ 塩麹　大さじ1と½
　└ 片栗粉　小さじ1

つくり方

1　鶏肉は皮を取り、キッチンバサミでそぎ切りにしてポリ袋に入れる。Aを加えてよくもみ、10分漬ける。

2　手で少し小さめにちぎったキャベツを加えて混ぜ、空気を抜いて袋の口を縛る。

3　水を入れて耐熱皿を敷いた鍋に2を入れ、蓋をして火をつける。

4　沸騰したら弱めの中火にして10分加熱し、火を止めてそのまま5分ほど蒸らす。

5　器に盛り、お好みで白ごまを振る。

—Point

手でちぎると断面に凹凸ができるので、味の染み込みがよくなります。

副菜

ひらひら人参のマリネ

材料（2人分）
人参　1本
ミックスナッツ
　　（塩分なし）　20g
ドライパセリ　適宜
A ┌ すし酢
　│　　大さじ1と½
　│ オリーブオイル
　└　　小さじ1

つくり方
1　人参はピーラーで薄切りにする。
2　ポリ袋に1とAを入れてよく混ぜ、袋の口を縛って1時間ほど漬け置く。
3　器に盛り、砕いたナッツとパセリを散らす。

—Point

リボン状に薄く切れるので包丁＆まな板いらず。大根やきゅうり、ズッキーニもピーラーで薄切りにできる。

切り干し大根とツナの
ゆかり和え

材料（2人分）
切り干し大根　30g
ツナ缶　1缶
A［　マヨネーズ　大さじ1
　　ゆかり　小さじ2

つくり方
1　切り干し大根はさっと水で洗って絞り、食べやすい大きさにハサミで切る。
2　ポリ袋に1とツナを缶汁ごと入れ、Aを加えてもみ、10分漬け置く。

冷凍ほうれん草と
ちくわのお浸し

材料（2人分）
ちくわ　1本
冷凍ほうれん草　100g
めんつゆ（ストレート）　大さじ3

つくり方
1　ちくわはキッチンバサミで、ひと口大の斜め切りにする。
2　ポリ袋に冷凍ほうれん草と1を入れ、めんつゆを加えて軽くもむ。
3　袋の口を縛って、20分ほど室温に漬け置く。

ごはんも炊いてみよう!

ごはんもポリ袋でつくれます! ポリ袋でお米を炊く時におすすめなのが無洗米。
お米をとぐ必要がないので手間が省け、水の節約にもなります。
ポイントさえ覚えてしまえば簡単なので、ごはんの炊き方の基本を押さえましょう。

1

ポリ袋に米と水を入れる。

2

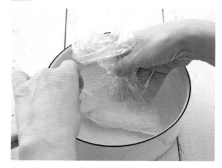

鍋に水を入れ水圧を利用して水の中でポリ
袋の中の空気を抜く。

3

袋をねじりあげ、袋の口をかたく結び、30
分浸水させる。

4

水が入った鍋の底に耐熱皿を敷く。

ごはんの材料（1膳分）
無洗米　80g（½カップ）
水　100㎖（½カップ）

5

皿の上にポリ袋を置く。

6

ポリ袋の口まで鍋の中におさめ、蓋をして
加熱する。

7

沸騰後は中火にし、20分間加熱したら火を
止める。蓋をしたまま10分蒸らす。

＼ できあがり〜！ ／

知っていれば野菜が長持ち!!
冷蔵保存のテクニック

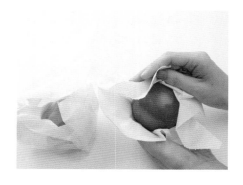

Point 1

「包んで保存」

夏野菜は寒さに弱いため、ペーパーで包んでからポリ袋に入れて野菜室で保存すると長持ちします。トマト・きゅうり・茄子・いんげん・ピーマン・オクラなどが同様の保存方法でOK。水けに弱いきのこ類も、包んで保存すると傷みません。

Point 2

「立てて保存」

葉野菜は、畑で育った状態と同じ形で保存すると長持ちします。ポリ袋に入れたら、ペットボトルの空き容器を利用して、野菜室に立てて保存しましょう。ほうれん草・小松菜・青梗菜・春菊などが同様の保存方法でOKです。

Point 3

「根元を水につけて保存」

ブロッコリーやパセリなどはグラスに入れて根元を水につけ、ポリ袋をかぶせて輪ゴムで留めれば長持ち。水分が補われ乾燥から守ってくれます。ブロッコリー・パセリ・クレソン・アスパラガス・大葉などが同様の保存方法でOKです。

買ってきた野菜を長持ちさせることで買い物の回数が減らせ、
災害時でも野菜不足を解消できます。
ここでは、野菜の種類や特徴に合わせた冷蔵保存のポイントをご紹介します。

Point 4

「種とワタを取って保存」

ゴーヤーは水分が多い種やワタから傷んで
くるので、スプーンで取り除きましょう。切
り口にペーパータオルをかぶせて、ラップで
包むと長持ちします。ゴーヤー・パプリカ・
かぼちゃなどが同様の保存方法でOKです。

Point 5

「切り口にペーパーで保存」

黒ずむ原因の水分を取ってくれるので、キャ
ベツをカットしたら切り口の水分を拭き取
り、ペーパーをかぶせてからポリ袋に入れて
保存しましょう。キャベツ・白菜・大根・
長いもなどが同様の保存方法でOK。ペー
パーが湿ったら取り替えてください。

Point 6

「水につけて保存」

水につけて保存すると長持ちする野菜もあ
ります。見た目や食感もキープできますよ。
ミニトマト・みょうがは丸ごと、豆苗は根
元を切って、れんこん・セロリ・ニラは食
べやすく切って。水は2〜3日に1度交換し
てください。

カセットコンロの正しい使い方

カセットコンロは、
各家庭で1台は備えておくべき防災アイテム。
いざという時に事故が起きないよう、
正しい使い方を学んでおきましょう。

カセットコンロの寿命は10年

カセットコンロの寿命は10年。寿命を知らずに使い続けていると、ガス漏れなどの原因になるので気をつけて。製造年月日は、カセットコンロの側面などに貼りつけられていて、「14.09」と書かれていたら2014年9月に製造されたものになります。

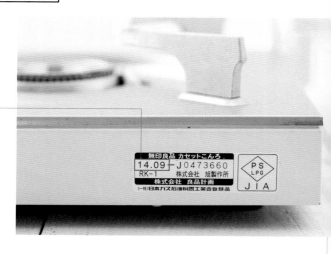

カセットボンベの寿命は7年

ボンベの寿命は約7年。缶の底に製造日が書かれているのでチェックして使い切りましょう。棚などの落下しやすい場所や高温多湿、直射日光を避けて保管し、使用後はカセットコンロから外して、必ずキャップをしてください。

同じメーカーのものを使用する

異なるメーカーのものを装着すると、ガス漏れが生じて火災の原因になります。必ずカセットコンロとボンベは同じメーカーのものを使用しましょう！

カセットボンベの備蓄の目安

火加減や気温によっても異なりますが、ボンベ1本の燃焼時間は約60〜90分。日常使いに加え、災害時には大切な熱源となるので、2人家族なら1週間で9本を目安にローリングストックを！

Part

3

もしもに備える！

おうち備蓄リスト

～生活＆防災用品～

生活用品や防災グッズなど、
非常時に最低限必要なアイテムも
家庭で準備しておきましょう。
いつもの生活に防災という視点をプラスして、
普段のストックを多めに備えるだけ。
おうちでの備蓄が
安全と安心につながります。

トイレットペーパー

トイレットペーパーは生活必需品。ひとりあたり1週間1ロールが使用の目安。

ティッシュ

肌触りが違うので、お気に入りのものを多めに備えておくとストレス緩和に。

【おうち備蓄リスト】
備えておきたい 生活＆防災用品

ウェットタオル

手やテーブルを拭くだけでなく、入浴できない時のストレスも軽減できます。

マスク

感染症の予防だけでなく、災害時はほこり防止にもなるのでストックは多めに！

生理用品

日頃から使い慣れているものを、最低1〜2周期分多めに用意しておくこと。

消毒液

水で手が洗えない時や感染症予防に、消毒液やスプレーがあると安心。

石鹸

自分の健康を守るためにも、手洗いは重要。体を洗う石鹸も多めに用意。

洗剤

生活必需品の備蓄は少し多めに。洗濯機が使えない停電時は粉洗剤が便利です。

常備薬

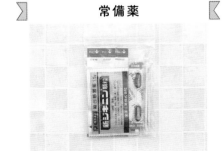

常備薬は常に多く持っておくことを意識しましょう。お薬手帳も手元に。

使い捨てコンタクト

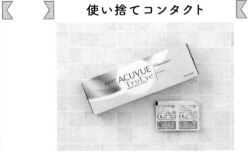

買い置きがあったほうが便利なので、1か月分の予備は準備しておきましょう。

生活用品

▶ カセットコンロ＆ボンベ ◀

災害時は温かいものを食べると心が落ち着くので、熱源確保の必需品です。

▶ ラップ・アルミホイル ◀

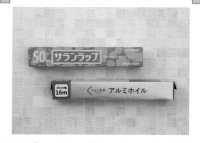

お皿に敷いたり、防寒に使ったりと、キッチン以外でも活躍します。

▶ キッチンペーパー ◀

キッチンまわりで使うのはもちろん、様々な用途で活用できるので多めが安心。

▶ クッキングシート ◀

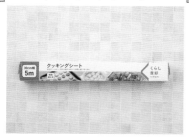

フライパンに敷いて調理できます。フライパン専用のアルミシートもおすすめ。

▶ ゴミ袋＆ポリ袋（大・中・小）◀

ゴミ袋と食材の保存や調理に便利なポリ袋は、大きさ別に多めにストックを！

▶ ポリ手袋 ◀

使い捨てなので衛生的。災害時は手を洗う水を節約して調理ができます。

手回し充電ラジオ

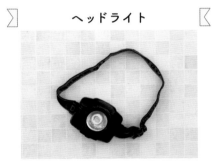

災害時、ラジオは最も頼りになる情報ツール。手回しで充電できるものが便利。

懐中電灯・ランタン

停電時、廊下や部屋を明るく照らしてくれます。サイズが小さいものは携帯用に。

ヘッドライト

両手を空けられるので懐中電灯より使いやすく、100円ショップでも買えます。

電池式充電器

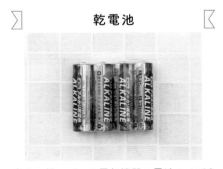

乾電池さえあれば何度でも充電ができます。電池式の充電器が停電時には便利。

乾電池

自分の持っている電気機器の電池サイズを確認して、多めに準備をしましょう。

ヘルメット

災害時、落下物などから頭部を守ってくれるヘルメットがあると心強いです。

防災用品

給水バッグ

断水時に必要な水の確保に。保管場所を取らない折りたためるものがおすすめ。

トイレ凝固剤

トイレは必ず常備を！ ひとりあたり1日8回分（8袋）×1週間の備蓄が目安。

ドライシャンプー

水やお湯を使わずに髪を清潔にし、頭皮のにおいもおさえてくれます。

歯磨きシート

水が使えない時は、拭くだけで口の中を清潔に保てる歯磨きシートが便利。

ろうそく・ライター

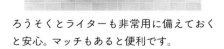

ろうそくとライターも非常用に備えておくと安心。マッチもあると便利です。

防災リュック

避難所で使用する防災用品が入った非常持ち出し袋。リュックが便利です。

使い古しのタオル

濡れたものを拭く以外にも、敷く、隠す、温める、巻く、包むなど大活躍！

古新聞

新聞紙には保温や消臭効果があるので、捨てずに少し取っておきましょう。

ロープ・紐

荷物をまとめたり、避難時に人を助けたりと、災害時には何かと重宝します。

冷却シート・カイロ

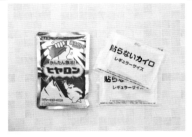

災害時の暑さと寒さ対策に。季節ごとに見直して準備しておきましょう。

防災用品

これもおすすめ

割れた食器やガラスの破片などを片付ける時、停電していると掃除機が使えません。ほうき、ちりとり、ガムテープも用意しましょう。ガラスの破片はビニール袋に入れると破けて危ないので、段ボール箱に入れて。軍手やゴム手袋、床に敷けるブルーシートなどもあればさらに安心です。

防災 リュックのチェックリスト

防災リュックとは、災害が起きた時に
さっと持ち出して逃げられる一次避難袋
のこと。避難した1〜2日間をしのぐため
の必要最低限の備え。両手が使えるリュッ
クにコンパクトにまとめ、荷物を詰める時
は「重たいものは上」に置くのが鉄則に。
防災リュックは1人ひとつ。そして、年に
2回は中身をチェックしましょう。

Check!

- ☐ 携帯ラジオ
- ☐ 電池式充電器
- ☐ 懐中電灯
- ☐ 乾電池
- ☐ 身分証明書・
  保険証のコピー
- ☐ 緊急時の連絡先メモ
- ☐ 現金
  （10円・100円・1000円）
- ☐ 油性ペン＆
  水性ペン＆ノート
- ☐ 水500㎖×3〜4本
- ☐ 非常食（缶詰パンや
  簡易栄養食品など）
- ☐ マスク
- ☐ 除菌ジェル
- ☐ ウェットティッシュ（大）
- ☐ ティッシュ
  （水に流せるもの）
- ☐ 予備の眼鏡やコンタクト
- ☐ 救急ポーチ
  （ばんそうこう＋薬＋
  ハサミ）

子供がいる家庭は？

粉ミルク、哺乳瓶、離乳食、おむつ（始末するビニール袋も）、お
しりふき用のウェットティッシュ、抱っこ紐、常備薬、好きなお
菓子、遊び道具（絵本やトランプ）など。

女性は？

生理用品、ヘアブラシ、ヘアゴム、手鏡も用意し
ておきましょう。

☐ 季節に合った
　　衣類＆下着、靴下など

☐ タオル

☐ 歯磨きシート

☐ 水のいらないシャンプー

☐ 非常用簡易トイレ×5

☐ レインコート

☐ スリッパ

☐ アイマスク＆耳栓

☐ エアクッション

☐ エコバッグ＆ポリ袋

☐ アルミシート

☐ 布ガムテープ

☐ 軍手

☐ 万能ナイフ

【冬】

☐ ホッカイロ

☐ ブランケット

【夏】

☐ 瞬間冷却パック

☐ 冷却ブランケット

もしもの時に役立つ
防災のアイデア *15*

非常時には、不便なことや大変なことがたくさん出てきますが、
備えと知恵があれば、いざという時も安心です。
もしもの時に役立つ防災のアイデアをご紹介します。

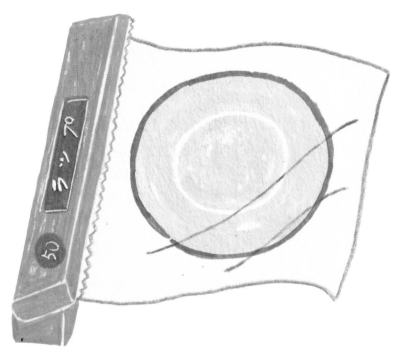

皿にラップを敷けば洗う手間と水の節約に!

紙皿や食器にラップを敷いて食事をすれ
ば、あとはラップをはがして捨てるだけな
ので、きれいなまま。食器を洗う必要がな

いので、手間と水の節約に。紙皿＋ラップ
なら何度も使いまわしができるのでゴミ
にならず、物資不足の時にも便利です。

クッキングシートでフライパンの焦げつき防止

クッキングシートは両面がシリコン加工されているので、食材がくっつかず、さらっとはがれて鍋やフライパンなどの汚れや焦げつき防止に。洗い物を出さないので、貴重な水の節約になります。

アルミホイルを容器の代わりに！

非常時はアルミホイルも容器の代わりになります。アルミホイルを長めに切って半分に折り、真ん中に缶詰を置く。缶詰のまわりをホイルで包むように押さえ、余分な部分を外側に折って密着させるようにしっかり形を整えたら、缶詰を上に引き上げれば容器の完成です。火を使うキャンドル置きに使うのもおすすめです。

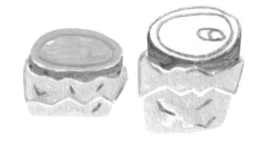

レトルトの温めは、使い捨てカイロでもOK！

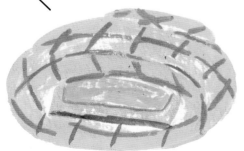

湯煎ができない時に役立つのが使い捨てのカイロ。使い捨てカイロを温めてからレトルトパックに1～2枚添え、タオルやブランケットでしっかり包んで保温すれば、1時間ほどでほどよい温かさに。冬の残りがあれば、夏でも防災グッズに加えておきましょう。

いざという時はバターをキャンドルに！

爪楊枝でバターに穴をあけ、くるくると棒状に丸めたティッシュを芯にして埋め込み、先端にバターを塗りこみます。火をつければバターキャンドルの完成。100gで4時間ほど燃焼するので、非常時にも役立ちます。グラスや空き瓶に入れ、離れる時は必ず火を消しましょう。

体がポカポカと温まるペットボトルの湯たんぽ！

停電で暖房器具が使えないこともあるので、お湯が沸かせる状況ならペットボトルで湯たんぽをつくってみませんか？　オレンジのキャップのペットボトルに70℃ほどのお湯を8割ほど入れてキャップを閉め、タオルを巻いて輪ゴムで留めれば完成。布団をポカポカと温めてくれ、起床後は白湯として飲むこともできます。

小さな懐中電灯を大きなランタンにする裏ワザ

懐中電灯が小さくて明かりが足りないという場合には、懐中電灯をコップに入れて、水が入ったペットボトルをのせてみて。乱反射して、広範囲に明るい光が届きますよ。さらに、少しだけ牛乳やカルピスを水に加えれば、乳白色に濁るので光がさらに明るく広がります。ぜひ試してみてください。

丸めたラップで洗おう！

災害時、汚してしまった食器を洗うなら、ラップがスポンジ代わりになります。つくり方は簡単。ラップを30〜40cmほどの長さに切って、くしゃくしゃに丸めるだけ。ラップには吸水性がないので、少量の洗剤と水だけでもしっかりと泡立ちます。こぶしくらいの大きさに丸めれば、体を洗うボディタオルとしても活用できますよ。

フリーザーバッグが、スマホの防水カバーに！

スマホの防水カバーとして代用できるのが、食材保存でおなじみのファスナー付きのフリーザーバッグ。袋の上からも操作ができるので、とっても便利。空気をしっかり抜くのが使いやすくするコツです。避難中に雨が降ってくることも想定されるので、非常用持ち出し袋や災害ポーチに入れておきましょう。

避難する時は、ブレーカーを落としましょう！

大きな地震が起きて家具や電化製品が倒れると、停電から電気が復旧して通電した瞬間に、電化製品などから発火して火災になる（通電火災）ケースが多いので、必ずブレーカーを落としてから避難しましょう。

クッションカバーは、災害時にも大活躍！

クッションカバーに荷物を詰めてポーチとして利用し、災害用持ち出し袋に入れておくと、いざという時に枕やクッション代わりに。ポリ袋に下着や服、タオルなどを詰めて枕にするとガサガサと音がしたり、エコバッグだと中身がポロっと出てきたりするので、クッションカバーが便利です。私が旅で活用する収納ワザです。

 12 ## 気持ちがいいペットボトルシャワー！

ペットボトルのキャップに画びょうを使っ
て小さな穴を数か所開ければ、簡易シャ
ワーになります。赤ちゃんのおしり洗いや
傷口の洗浄などに便利。ペットボトルの
キャップは規格が統一されているので、事
前に作ってキャップのみを保管しておく
のもおすすめです。水の量を増やしたけれ
ば、穴を増やして！

ポリ袋があれば、水を持ち運ぶタンクに!!

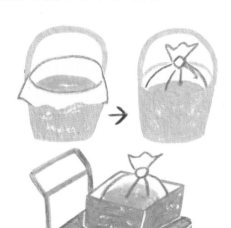

13

30～45ℓのポリ袋（ゴミ袋）があれば、ゴミ箱やバケツ、段ボールなどにポリ袋をかぶせるだけで、給水車から水をもらうタンクになります。家に汚れたバケツしかなくてもOK。枚数に余裕があれば、ポリ袋は二重にすると漏れ防止になり、台車があれば運搬もラクになります。

14

非常時にも役立つ癒しのアロマオイル

非常時だからこそ役立つのがアロマオイル。心地よい香りや好きな香りに包まれると、心身ともにリラックスできます。自宅ならマグカップなどに熱いお湯を入れ、オイルを1～3滴ほど落とせば、部屋中にふんわりと香りが漂います。避難所なら、ハンカチやティッシュに1～2滴垂らして近くに置いておけばOKです。

ハンカチ1枚でつくれる！
縫わない簡単マスクのつくり方

ハンカチ1枚でつくれる簡単マスクは、もしもの時に役立つので、覚えておくと便利。
ハンカチなので洗って何度でも使えますよ。

用意するもの
大きめのハンカチ　1枚
ヘアゴム　2本

STEP 1

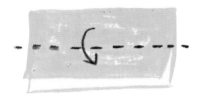

半分に折ったハンカチをさらに半分に折る。

STEP 2

幅3等分の位置に、左右からヘアゴムを通す。

STEP 3

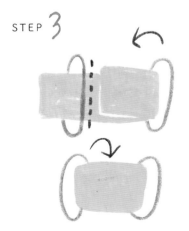

左右を折りたためば完成！

STEP 4

顔の大きさに合わせて、ヘアゴムと左右の折る位置や上下を引っ張って調整をしましょう。

野菜保存のアイデア帖

定価（本体1,200円＋税）

「気づいたら冷蔵庫の奥で野菜が傷んでいた…」、「保存方法がよくわからない…」など、せっかく購入した野菜を最後まで使いきることができずに、捨ててしまったという経験はありませんか？　実は家庭から出る食品ロスの多くは野菜が原因なんです。野菜はそれぞれ適した保存方法を知ることで、最後までおいしく食べきることができます。この本は、みなさんが知らなかった野菜保存のコツに加え、最後まで食べきるためのアイデアやレシピをたっぷりと盛り込んでいます。

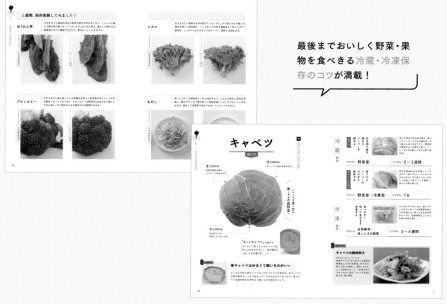

最後までおいしく野菜・果物を食べきる**冷蔵・冷凍保存のコツが満載！**

調味料保存＆使い切りのアイデア帖　定価（本体1,200円＋税）

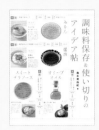

調味料は手軽に料理の味を整えて、時短調理にもひと役買ってくれますが、「気づいたら期限切れ‥」、「いつ開けたっけ？」、「開封後の保存場所が分からない‥」、「うまく使いこなせない」などといった、多くの悩みを抱えがち。そんな悩みを少しでも解決できるように、それぞれの調味料に適した保存のコツに加え、最後まで食べきるためのレシピやアイデアをたっぷりと盛り込みました!!

調味料を最後まで**で使い切るコツ、教えます！**

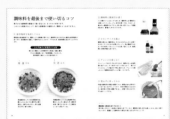

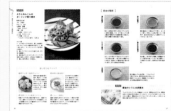

肉・魚・加工食品保存のアイデア帖　定価（本体1,200円＋税）

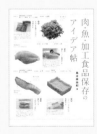

「変なニオイがする…」「気づいたら腐っていた…」など、最後まで使いきれないといった悩みは、野菜に限らず、肉・魚・加工食品も一緒のよう。みなさんが抱える悩みを少しでも解決できるように、この本にも、それぞれの食材に適した保存のコツに加え、最後まで食べきるためのアイデアやレシピをたっぷりと盛り込みました!! さらに、便利な下味冷凍レシピも満載です。

「野菜保存のアイデア帖」の続編、肉・魚・加工食品に関する保存の**アイデア本**

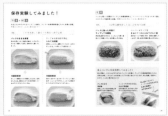

島本美由紀

料理研究家・食品ロス削減アドバイザー・防災士。
旅先で得たさまざまな感覚を料理や家事のアイデアに活かし、
誰もがマネできるカンタンで楽しい暮らしのアイデアを提案。
親しみのある明るい人柄で、テレビや雑誌、講演会を中心に
多方面で活躍。「野菜保存のアイデア帖（パイ インターナショ
ナル）」など、著書は60冊を超える。
http://www.shimamotomiyuki.com/

もしもに備える！
おうち備蓄と防災のアイデア帖
2020年9月26日　初版第1刷発行

著者　　島本美由紀
写真　　安部まゆみ
イラスト　松尾ミユキ
スタイリング　深川あさり
調理アシスタント　原久美子
デザイン　嘉生健一
校正　　佐藤知恵
編集　　諸隈宏明

発行人　　三芳寛要
発行元　　株式会社パイ インターナショナル
　　　　　〒170-0005　東京都豊島区南大塚2-32-4
TEL　　　03-3944-3981
FAX　　　03-5395-4830
　　　　　sales@pie.co.jp
印刷・製本　図書印刷株式会社